창업,
모텔로
승부하라

창업, 모텔로 승부하라

5판 개정판

이용석 지음

쉽게 하는 모텔 창업과 안정적인 운영의 기술

선정·계약·관리에서 모텔 관련 법까지 한번에!

생각나눔

목 차

• 제3장 실제 사례에 의한 모텔 이야기

• 제4장 요령 있게 하는 모텔 운영

 **머 리 말**

모텔 관련 서적을 출간 한지도 햇수로 10년째 접어들었다. 십여년이 지난 즈음에 아직도 확신이 가능한 것은 모텔 운영은 자영업 중에도 매력적인 창업 분야이며 누구나 할 수 있고 노동 강도가 높거나 전문 지식 및 기술을 요구하지 않으며 폐업율이 타 서비스업종에 비하여 거의 없다는 것이다. 열정과 자본만 있으면 손쉽게 창업을 할 수 있는 업종임에 불구하고 몰라서, 엄두가 안 나서 혹은 전혀 생각해 본 적이 없는 것이어서 쉽사리 뛰어들기에 장벽이 있는 것이다. 필자도 사실 예전에는 전혀 생각해보지 않은 생소한 분야였다.

회사 퇴직 후의 일반적인 코스인 자영업에 첫발을 내리면서 돈 받고 키만 주면 된다는 생각과 투자한 금액의 손실도 전혀 발생하지 않을 것이란 확신이 들어 임차부터 시작하였으며 지금도 모텔업에 종사하는 분들과 대화를 해보면 요즈음 같은 불황에도 이 정도의 순수익을 내며 안정적으로 할 수 있는 자영업이 어떤 것이 있겠냐는 의견이 대다수이다. 장사가 잘 되는 업종이 생기면 얼마 되지 않아 근처에 수많은 동종의 경쟁업체가 우후죽순 개업을 하는 일반 자영업과는 달리, 모텔은 허가가 잘 나지 않으며 신축은 자금이 많이 소요 되므로 아무나 할 수 없어 기존의 업소만으로 유지가 되는 업종이기도 하다.

투자 금액이 커서 창업할 수 없다는 편견도 있지만, 알고 보면 생각만큼 그리 크지 않다. 모텔 매수는 수익형 부동산으로써 자산의 가치가 있으며 직영이나 임대사업을 할 수 있고, 임차의 경우는 보증금의 회수가 보장되므로 안정적으로 운영할 수가 있다. 창업 아이템으로 이런 매력을 지닌 모텔은 숙박업 경험이 전혀 없는 보통사람이라도 누구나 창업·운영이 가능하고, 노력 여하에 따라서는 얼마든지 수익도 더 창출할 수 있는 훌륭한 사업이자 투자형 상품인 것이다. 이 책은 아무런 준비 없이 모텔 창업·운영에 뛰어들어 전국의 여러 지역에 임차 및 위탁경영을 하며 경험하였던 모텔 운영의 노하우를 가감 없이 서술하였고 자영업의 실태와 숙박업, 매수와 임차 시 주의할 점, 계약 전후 검토할 사항부터 매출액과 지출경비 실제 사례, 운영하는 법, 꼭 알아야 할 법, 각종 통계 등 완전 실전적·실무적으로 필요한 전반적인 사항을 수록하였다.

2012년 초판 1쇄, 2쇄 이후 2판, 3판, 4판을 거쳐 5판 개정에 이르기까지 보완하며 이 책에 차곡차곡 담은 노하우가 모텔 창업이나 운영을 하는 분들에게 작은 도움이 되기를 바라는 마음이 간절하다.

2021년 05월

이용석

제1장

모텔 창업 길라잡이

1. 자영업과 숙박업

　자영업자란 자신 또는 가족의 수입을 위해 일하는 사람으로 고용원이 있는 자영업자, 고용원이 없는 자영업자, 무급가족종사자 등을 말한다. 통계청의 최근 경제활동인구 자료에 의하면 우리나라 자영업자 수는 무급가족종사자를 제외하고 534만 명에 이르며 2002년 619만 명으로 정점을 찍은 뒤 감소세를 보인다. 하지만 감소 속도는 더디다. 지금의 자영업자 포화는 1997년 닥친 외환위기가 아직도 상당 부분 기여하고 있으며, 그 당시 취업 시장에 쏟아져 나온 40대 실업자들이 줄줄이 자영업 대열에 뛰어들었기 때문이다. 2010년대에는 베이비붐 세대가 퇴직대열에 합류하며 자영업 시장에 몰렸고 주축 연령대는 40대와 50대이며 최근 50~60대 비중이 계속 증가하고 있다.

　최근 경기악화로 인하여 다소간 줄어들긴 하였지만, 창업도 꾸준하여 십수 년간 이와 비슷한 수치를 유지하고 있다. 예전과 조금 달라진것은 취업 한파로 인하여 20, 30대의 창업과 베이비부머의 은퇴 시점이 어우러져 60대 전후의 창업 비율이 조금 올라간 것이다. 자영업은 정확한 매출 파악이 어렵고 업종·사업장별로 임대료, 인건비 등 고정비용이 다양하다. 고령화 추세를 생각할 때 앞으로 10년 후에는 한국인 다섯명 중 두 명이 이 범주에 들어가게 될 것이다.

자영업 대표자 연령				
20대	30대	40대	50대	60대이상
2.4%	12.9%	27%	34.4%	23.3%

출처: 소상공인 진흥원

우리나라 자영업 비율은 25% 내외로 세계 기준으로 보아도 자영업자들이 유난히 많은 나라이다. IMF 이후 급격히 늘어난 자영업자의 비중은 OECD 회원국 가운데 콜롬비아(50.1%), 멕시코·그리스(31.9%), 터키(31.5%), 칠레(27.2%), 코스타리카(26.6%) 다음으로 높다. 자영업자 비중이 낮은 곳은 미국(6.1%), 러시아(6.7%), 캐나다(8.2%) 등 순이며 가까운 일본(10.0%)도 비교적 낮은 편이다.

지난 수년간 우리나라 자영업자 비중은 해마다 감소해왔지만, 이 순위는 연간 10위 밖으로 밀려본 적이 없다. 자영업 시장에 진입하는 행렬은 그치지 않는다. 특히 직장생활을 오래 한 5060 세대에게는 선택의 여지가 없기 때문이다. 퇴직한 많은 직장인이 자의 반 타의 반으로 뛰어들며, 업종에 매력을 느껴 포부를 실현하기 위해 스스로 창업을 선택하는 것이 아니라, 사회·경제적인 문제에 떠밀려 생계를 유지하기 위한 대안으로 선택한 게 자영업이었다. 현재 우리나라 자영업자 중 60% 정도가 생계형 자영업자이므로 사회적 위험에 대한 복지 기능을 자영업으로 대치되었던 셈이다.

우리나라 자영업의 업종을 보면, 요식업, 슈퍼마켓, 숙박업, 제과점, 미용업, 세탁소, 커피 전문점, 휴대폰 가게, 노래방, 피시방 등이다. 이는 월평균 순이익과 매출액 순이익을 기준으로 책정한 10대 업종이다. 최근에 업장별 통계를 들여다보면 카페, 미용실, 편의점, 치킨집, 약국, 치과 의원, 휴대폰 대리점 순이며 이 가운데 가장 많은 것은 단연 요식업, 슈퍼마켓(편의점 포함)으로 15%대 내외이고, 나머지는 대부분 10% 이하로 대동소이한 수준이다. 그렇다면 자영업자들의 실제 생존율은 어떠한가? 조사 통계마다 약간의 차이는 있지만,

자영업 생존율				
1년 후	2년 후	3년 후	4년 후	5년 후
60%	47%	38%	32%	29%

5년 후에는 10개 업체 중 7개 이상이 문을 닫는다는 이야기가 된다.

특히 통계청 분류 숙박·음식점업으로 보면 5년 후 생존율이 20.5%로 더 떨어지는 것을 볼 수가 있다. 최근 소상공인 자료에 의하면 창업 동기는 '자신만의 사업을 경영하고 싶어서' 58.6%, '수입이 더 많을 것 같아서' 31.1%, '임금근로자로 취업이 어려워서' 7.8%, '기타' 2.5%로 나타났다. 그러면 수입은 어느 업종이 나을까? 매출액 순이익률은 가장 높은 곳은 피시방이었으며 미용실, 노래방, 세탁소 순이었다. 피시방은 컴퓨터 등 초기 시설비용은 많이 들어가지만, 이후 관리비용이 적기 때문이며 매출액이나 순이익 절대치로는 그다지 장사가 잘 된다고 보기 어려운 업종이다. 노래방도 피시방과 이유가 비슷하고, 미용실·세탁소는 원재료가 거의 들어가지 않는 덕분이다. 순이익만으로 따지면 가장 돈을 잘 버는 업종은 여관·모텔로 나타났고 종사자 평균연령이 가장 높은 자영업 또한 여관·모텔로 평균 52.9세이며 94.3%가 사업을 접지 않

고 계속하겠다고 응답했다. 다른 업종과 비교해 수입이 나쁘지 않음을 보여주는 대목으로 숙박업의 순이익이 타 업종에 비하여 높은 것을 알 수 있다. 일단 객실 요금이 최소 3만 원부터 10만 원내외까지로 볼 때 매출액이 올라가는 곳은 그다지 어렵지 않으며 이에 반하여 경비는 많이 지출되지 않으므로 부가가치가 매우 높은 것이 숙박업이다.

2. 숙박·음식점업과 순수 숙박업의 차이

업종을 나눌 때 통계청 대분류에 보면 숙박업과 음식점업을 포함하여 숙박·음식점업으로 일반적으로 표현된다. 필자가 가장 많이 받는 문의 중의 하나가 경제가 어려워지거나 국가적 재난 등으로 인하여 소득과 소비가 줄어 경기가 안 좋아질 때는 "자영업자 중 가장 많은 숙박·음식점 막대한 타격, 고용 감소한 숙박·음식업, 대출로 버틴 숙박·음식점 폐업 기로에 서다." 등등 각종 매체나 신문에 보도되는 부정적인 뉴스로 인하여 모텔, 호텔, 여관 등의 업종도 동일한 상황이 아니냐는 질문이다. 혹자는 아예 동일한 상황으로 단정해 버리는 수도 있다. 물론 전반적인 경기 침체인 경우에는 숙박업도 피해 갈 수가 없는 상황에 도달하지만, 분류상 숙박·음식점업의 통계와 순수 숙박업과는 많은 차이가 있다. 2021년 통계청 분류를 보면 자영업의 총 사업체는 2,740,227개이며 총 종사자는 6,320,273명, 그중 음식·숙박업은 649,702개에서 1,494,091명, 숙박업만으로 보면 31,671개, 총 종사자는 56,635명으로 음식·숙박업 분류에서 숙박업만의 비율은 사업체 수 5%, 종사자 수 3.8%에 지나지 않으며, 아래의 집계로만 보아도 확연히 다름을 알 수 있다.

5년 생존율			
숙박업	78%	숙박·음식점업	20.5%

대표자 연령					
분류＼연령	20대	30대	40대	50대	60대
숙박업	1.5%	7.8%	17.4%	28.8%	44.5%
숙박·음식점업	4.2%	12.9%	22.6%	35.8%	24.5%

사업장 점유형태			
분류＼형태	소유	임차	전대차
숙박업	80.8%	19.1%	0.1%
숙박·음식점업	18.7%	81.1%	0.2%

총 창업비용			
분류＼비용	5천미만	5천~1억미만	1억이상
숙박업	17.2%	10%	72.8%
숙박·음식점업	34.9%	29.6%	35.5%

결재비율				
분류＼결재	현금	카드	간편결재	기타

숙박업	55.6%	42.2%	1.5%	0.7%
숙박·음식점업	20.5%	78.6%	0.8%	0.1%

숙박업 향후 사업운영 계획			
계속운영	사업전환	임금근로자희망	비경제활동
84.8%	4.2%	3.3%	7.7%

(참고: 통계청 제공, 소상공인실태조사)

숙박업은 여러 부류가 있지만, 호텔업, 휴양·콘도운영업, 민박업, 기타 일반 및 생활시설숙박업을 배제하고 일반인이 가장 많이 접할 수 있는 여관업만을 보면 23,074개 정도로 사업장 전국 분포도 및 객실 수 규모별 현황을 보면 아래와 같다.

여관업 전국 사업장 수			
시·도	사업장 수	시·도	사업장 수
전국	23,074	서울특별시	2,406
부산광역시	1,589	인천광역시	945
대구광역시	754	대전광역시	658
광주광역시	591	울산광역시	652
강원도	1,657	경기도	3,800
충청북도	909	충청남도	1,573
경상북도	1,925	경상남도	2,387
전라북도	1,097	전라남도	1,452
세종시	72	제주도	607
여관업 시도·객실 수 규모			

4실 이하	5~9실	10~19실	20~49실	50~99실	100실 이상
124	1,702	6,615	13,526	886	221
0.5%	7.4%	28.7%	58.6%	3.8%	1%

(참고: 통계청, 자료 갱신일 2021-02-26)

그리고 민박업과 호텔업, 기타 숙박업을 합하면 5만여 개 근접한 숙박업 사업장이 존재하며 현행 숙박업 분류체계를 보면,

법률(소관 부처)	숙박업명칭		
관광진흥법 (문화체육관광부)	관광숙박업	호텔업	관광호텔업
			수상관광호텔업
			한국전통호텔업
			가족호텔업
			호스텔업
			소형호텔업
			의료관광호텔업
		휴양콘도미니엄	
	관광객이용시설업	외국인관광 도시민박업	
		야영장업	
	관광객편의시설업	관광펜션업	
		한옥체험업	
공중위생관리법 (보건복지부)	숙박업	일반숙박업	
		생활숙박업	
농어촌정비법 (농축산식품부)	농어촌민박사업		

청소년활동진흥법 (여성가족부)	유스호스텔
	청소년야영장업
산림문화휴양에관한법률(산림청)	자연휴양림내 숙박시설
제주특별법 (제주자치도)	휴양펜션업

위 도표에 보이는 바와 같이 세분화가 많이 되어있다. 현재의 소관부서를 줄이고 효율적인 분류로의 개정을 진행하고 있으며 모텔, 호텔 여관 등 일반적인 숙박업은 공중위생관리법에 해당하는 숙박업이며 객실 내 취사 여부에 따라 일반숙박업과 생활숙박업으로 나누어진다.

3. 숙박업 5년 생존율

자영업은 업종별로 차이가 크게 나지만, 신규창업 시 평균 생존 기간은 2년 4개월이라 하며, 5년 후에는 30% 이내만 생존하고 5년을 넘기면 10년까지의 생존율은 91%에 달한다고 한다. 5년을 넘기면 안전궤도에 돌입하였다고 할 수 있다. 어린이집 등 보육시설이 생존율이 가장 높으며, 치과의원, 약국, 자동차 수리, 인테리어 등 전문직종이 높고 PC방, 휴대폰 대리점, 당구장, 부동산중개업, 음식점 등은 최저인 것으로 나타났다. 최근 자영업의 10년간 생존율은 16.4%이며, 음식점은 6.8%에 불과하다. 숙박업은 숙박·음식업으로 되어있지만, 순수한 숙박업만의 통계를 분리하여 개·폐업을 기준으로 한 5년간 업종 생존율을 살펴보도록 하겠다.

① 창업률: (창업 업소 수÷전체 업소 수)×100

② 폐업률: (폐업 업소 수÷전체 업소 수)×100

③ 평균 업력: 동일 업종의 창업일과 폐업일, 최근 집계일까지의 지속된
월 수를 계산하여 년 수로 표현한 데이터

📎 숙박업 평균 업력

시도/기간	1년 미만	1-2년	2-3년	3-5년	5년 이상
전국평균	3%	3%	4%	11%	78%
서울특별시	4%	3%	5%	13%	76%
부산광역시	4%	4%	6%	15%	71%
인천광역시	4%	3%	5%	11%	77%
대구광역시	3%	5%	4%	14%	74%
대전광역시	2%	3%	3%	12%	80%
울산광역시	2%	3%	3%	9%	82%
광주광역시	2%	3%	3%	9%	82%
경기도	3%	3%	4%	11%	78%
강원도	4%	3%	5%	10%	77%
충청북도	3%	3%	3%	10%	81%
충청남도	3%	2%	4%	11%	80%
경상북도	3%	3%	4%	11%	79%
경상남도	3%	3%	4%	11%	80%
전라북도	3%	3%	4%	12%	79%

전라남도	3%	4%	5%	11%	78%
세종시	3%	1%	2%	11%	82%
제주시	4%	4%	5%	14%	74%

출처: 소상공인시장진흥공단(2020년 12월)

4년 전 데이터보다 시도별 큰 차이가 없고 전국 평균과 비슷함을 알수 있다. 단순 참고 자료이기는 하지만 부연설명을 하여 보자면 5년간 세입자가 변경되었거나 매매가 되어 폐업신고를 한 비율이 22% 정도가 된다는 이야기이다. 숙박업은 건물의 특성상 다른 자영업과는 달리 신규허가가 쉽게 나지 않고, 동질성이 계속 유지되면서 소유주와 임차인만 바뀌는 업종이다. 때문에 상기의 생존율은 임차인의 교체나 매매를 통한 사업자등록증의 폐업과 신규창업에 근거한 것이므로 타 업종과 같이 업소가 없어지는 것이 아니다. 그러므로 여타 업종에 비하면 변경 없이 지속적으로 유지되는 업종이라 사실상 폐업과는 무관하다고 할 것이다.

4. 생계형 창업 임차

생계형 창업은 말 그대로 생계를 이루려고 창업을 하는 것이며, 모 보고서에 의하면 창업자들이 다른 일자리의 선택권은 없고 수입의 원천이 필요한 경우를 창업이라 정의하였다. 임금근로자로 오랫동안 종사하였거나 퇴직 후 창업을 시도하려 할 때 그동안 일 하여 왔던 동일 업종 관련 분야의 창업이 사실은 제일 쉬울 것이다. 그간의 노하우도 있을 것이고 가장 잘 아는 업종이기 때문이다. 그러나 자영업의 창업은 그동안 종사해왔던 일과는 무관한 경우가 대부분이다. 일단 유행에 따르는 소위 말하면 현재 뜨는 업종 혹은 가장 무난한 업종을 찾아서 진입하였다가 경쟁에 살아남지 못하고 도태되어 버리고 마는 경우를 수없이 보아왔다.

이에 일반인들에게 좀 덜 숙지되어있는 숙박업에 관하여 언급코저 한다. 숙박업은 사람에게 필요한 의/식/주 중의 하나이며 여타 종목과 비교하여 쉽게 허가가 나지않는 업종이기도 하다. 즉, 수요와 공급의 이치에서 보면 무한정 공급이 이루어질 수 없으며 현재는 많이 보편화 되어있지만 아직은 일반인들이 창업에 선뜻 뛰어들기에는 낯설은 모텔이란 상품이 안정성과 수익률이 있음을 알려드리고저 하며 분류상으로는 여관 및 여인숙, 호텔에 속한다.

상가의 경우 소유주가 직접 아이템을 선정하여 장사를 할 수도 있고 임대를 놓아 차임을 받는 경우도 있다. 모텔도 소유주가 운영하거나 임대하여 임차인으로부터 차임을 받으므로 일반상가와 다를 바가 없다.

모텔 임차 사업이란?

보통 일반인들은 지나다니면서 모텔건물만 보았을 것이며 더욱이 모텔 임차 사업은 전혀 생소한 용어일 것이다. 창업 업종을 알아볼 때 최근의 퍼센티지로 가장 많은 편의점, 한식, 치킨, 커피전문점, 피자, 제빵, 분식, 주점 등을 비롯하여 각종 창업박람회나 프랜차이즈 업종을 수소문하고 알아보지만, 기존에 종사해왔던 일과는 무관한 것이 많으며 점포임대부터 시작하여 시설비, 권리금, 인테리어비 등 문을 닫게 되면 회수할 수 없는 막대한 자본금이 들어가는 업종이 대부분이다. 소위 한창 뜨는 업종을 선택하여 창업하여도 순식간에 경쟁업체가 늘어나 호황의 기간이 오래가지 않을뿐더러 창업 후 수익성을 가지며 수년간 유지할 확률은 어느 품목을 막론하고 크지 않다. 일단 급해서 창업은 해 놓고 보는데 수익을 가지며 유지하기란 그리 녹록치 않다. 시설비 및 권리금을 다 까먹고 1~2년 안에 나오는 수가 태반이며 들어간 원금조차도 회수하지 못하는 경우가 많다.

이에 반하여, 모텔 임차 사업은 다른 업종과 비교하여 수익성이 안정적이며 투자대비 수익률이 연 15%~30%까지 이르고 보증금에 대한 손실위험이 거의 없으며 적은 자금으로도 모텔을 운영할 수 있기 때문에 여타 다른 자영업을 생각하던 분들이 관심을 가지고 창업을 시도하여 봄직하다. 또한, 그동안은 모텔 사업이 매우 안정적인 업종임에도 불구하고, 모텔이라는 이미지 탓에 외면하던 일반인에게도 숙박사업이 많이 보편화되어 부담 없이 창업이나 업종 전환을 시도하고 있다. 특히, 생계형 자영업으로써 마땅한 것을 찾기 어려운 이 현실에 수익형 그중에서도 리스크가 적으면서 투자자본이 임차 보증금으로 보장되는 모텔의 임차 사업은 매우 안정적이며 손실이 날 위험이 거의 없는 창업 업종인 것이다.

기존 모텔의 임차자들도 임차기간의 만료 후, 좀 더 나은 임차 물건을 찾아 이동하며 초보 창업자까지 수요가 몰려 모텔을 소유하는 것이 부담스러운 소규모 자금의 투자자들이 임차 수요자로서 매물을 찾고 있으나 물량 공급이 적으며 앞으로도 좋은 매물을 구하는 임차자의 수요는 꾸준히 증가할 것으로 보인다. 임차 투자의 경우에는 서울이나 수도권의 매물 못지않게 지방 중소도시 혹은 관광지, 읍면 소재의 모텔들도 투자 자금에 비하여 매출과 수익률이 높으므로 비록 시설은 좀 떨어져도 정확한 권리 분석을 통하여 좋은 매물을 찾으면 충분히 만족할 만한 수익을 올릴 수 있을 것이다. 단, 임차하여 운영을 하는 경우에는 매출 검증을 통하여 수익이 날 수 있는 매물을 선정하는 것이 최우선 과제이다.

창업으로서 모텔 임차의 장점을 보자면,

첫째, 임차 보증 금액으로 전세권이나 근저당권을 해당 모텔에 설정을 할 수 있다. 상가나 기타 부동산과 달리 모텔 임차는 임대인이 거의 설정에 반대하지 않기 때문에 최소한 임차 보증금은 떼일 염려가 없다.

둘째, 객실 40~50개의 중급 이상으로 시설 좋고 매출액이 많아 경험 있는 운영자를 요구하는 모텔이 아닌 이상 초보자도 쉽게 창업을 하여 운영을 할 수가 있다.

셋째, 회사원, 은행원, 공무원 등 퇴직 후 마땅한 기술이 없는 베이비붐 시대의 연령일지라도 부담 없이 시도해볼 수가 있다.

즉, 직접 운영 시 카운터에서 돈 받는 것도 못한다면 다른 업종은 아무것도 할 것이 없을 것이다. 또한, 젊은 세대들이 참신한 아이디어를 접목하여 운영하는 것도 바람직한 일이 될 것이다.

넷째, 특별한 노하우가 필요 없다. 최대 한 달이면 운영 및 지역특성 등이 모두 파악되며 쉽게 적응이 될 것이다.

다섯째, 창업비용이 많이 소요되지 않는다. 모텔도 종류가 많고 천차만별이다. 지역성에 따라 금액 및 운영의 노하우에 차이도 크다. 소위 장급 여관도 간판은 모텔이다. 적게는 임대 보증금 3천만 원대부터 많게는 10억 이상도 있다.

창업 시에는 본인의 투자 자본에 맞추어 적정한 물건을 고르면 된다. 그러면 수익성은 어느 정도 보장이 되는가? 투자 금액 대비 안전하게 2부에 본인 투입 시 인건비를 합하여 그 금액을 최저 수입으로 보라. 혹자는 3~4부, 심지어는 5부까지 이야기하는 중개업자도 있다. 상권 좋고 잘되는 곳은 물건이 쉽게 나오지 않으며 내 손에 올 확률이 낮다. 유능한 중개업자의 소개로 적정한 곳을 찾아 운영을 잘하여 수익률을 1부만 올려도 메리트는 충분히 있는 것이다.

투자 금액이 많을수록 수익률 퍼센티지가 많을 것으로 생각하는 이들이 많은데 임차운영은 반드시 투자금액에 비례하여 높은 수익률을 보이는 것은 아니다. 보증금이 높은 곳은 입지조건이나 매출액 및 시설, 객실 수 등 제반여건이 보증금이 낮은 곳보다 우수한 것이 사실이겠지만, 수익성과 반드시 비례하지는 않는다. 보증금 1~2억 대 모텔의 실제 수익률이 보증금 3~4억 대의 모텔보다 나을 수도 있다. 이는 모텔을 운영하여 보신 분들이라면 지극히 이해할 사항이다. 바꾸어 말하면, 임차

운영은 매물 선택을 잘하여 수익이 발생하는 곳을 택해야 한다는 뜻이다. 과거와는 달리 숙박업도 대중화되어 일반인들도 창업을 많이 하며, 일반상가와 마찬가지로 영업이 잘되는 좋은 매물은 찾기가 매우 힘들게 되었다. 이처럼 임차운영에서 좋은 매물 선택은 가장 중요한 사항이다.

5. 수익형 창업 매수

생계형 목적으로의 창업이 많은 자금을 투자하지 않고 임차하여 운영하는 것이라면, 노후 대책용이나 안정된 수입보장을 위해서는 매수를 하여 운영하거나 매수 후 임대사업을 하는 것이다. 보통의 경우는 직접 운영을 하는 것이 대부분이고 수익이 더 좋지만, 피치 못 할 때는 임대로 돌릴 수도 있다. 이 경우에는 대출이자, 소유주 부담 세금, 월 이익금과 임차인의 보증금 및 임차인 이익 등을 고려하여 적정한 금액을 월세로 책정하면 된다. 이에 반하여 소유주가 직접 운영을 한다면 대출금 이자와 경비를 제외하고는 순수익이 되므로 매출액이 많으면 큰 이익을 취할 수 있고, 업소의 제반 여건이 양호하지 않을지라도 손실 없이 오랜 세월 동안 운영을 할 수 있다.

소유주 직영이 좋은 이유			
모텔등급\운영형태		임차인	소유주 직영
상급	상	수익 좋음	수금만 해도 됨
	하	안정	수익 좋음

중급	상	비교적 안정	수익 좋음
	하	수익 안 남	비교적 안정
하급	상	적자	수익 적음
	하	보증금 손실	손실은 안 봄

모텔등급: 상급(매출 좋음), 중급(매출 객관적 보통), 하급(매출 비교적 열악)

　모텔은 시설이 좋아도 매출이 형편없으면 하급이며 시설은 안 좋아도 항상 손님이 몰리고 매출이 좋으면 상급으로 분류할 수 있다. 수도권과 광역시, 경쟁이 심한 곳은 매출액이 시설에 비례하며, 지방의 경우에는 시설보다 입지적인 조건이 매출을 좌우하는 경우도 많다. 상급, 하급으로 나누어 실례를 들었지만, 임차인은 아무리 매출액이 많은 업소라도 차임을 많이 지급하면 수익이 없을 것이고, 소유주 입장에서는 월 매출 1~2천을 상급이라고 할 수도 없는 것이며, 여러 가지 경우의 수가 있다. 임차인은 보증금과 월세, 소유주는 매수가격을 기준으로 좋은 수익이 발생한다면 상급으로 칭하여도 무방할 것이다. 모텔 가격은 수억대부터 수십억까지 다양하다. 일반적으로 가격이 높은 업소가 매출액이나 순이익이 높아야 한다. 거리를 지나다 보면 도심지에는 모텔 밀집촌이 있고 한적한 지방의 외진 곳에도 나 홀로 모텔이 있는 것을 볼 수 있다. 부동산 중 아파트 등 주거용은 가격이 거의 투명하고 구분상가도 분양가격이 있어 어느 정도 가격이 정형화되어 있지만, 숙박업 건물은 기준을 둘 만한 그 어느 것도 없다. 매출액, 시설투자금, 감정가격, 주변 업체 매도 가격 등을 참고하여 소유주가 매도가격을 책정하는 것이 대부분이다.

창업으로써 모텔 매수에 관하여 언급하여 보자면,

첫째, "조물주 위에 건물주"라는 유행하던 말이 있다. 모텔도 마찬가지이다. 상가건물은 건축하여 구분등기로 분양하지만, 모텔은 통 건물 자체이며 건축물로 보면 상가건물보다 가격이 저렴하다.

둘째, 단일 업종으로 영업 가능하며 부가가치가 높다.

셋째, 운영에 특별한 기술이나 노하우가 필요하지 않으며 젊은층부터 고령자까지 누구나 운영 가능하다.

넷째, 시설이 획일적이고 단순하다. 즉, 난방, 냉방, 객실 내부의 인테리어, 복도조명, 외관, 청결 상태만 신경 쓰면 된다.

다섯째, 시세 차익이 아닌 완전 수익형 부동산이다.

여섯째, 매도 가격은 본인의 노력에 따라 올릴 수 있다.

일곱째, 신규 허가가 쉽지 않은 종목이다. 경쟁 업소가 우후죽순 들어오지 않는다.

여덟째, 대출받는 것을 두려워할 필요가 없다. 많이 받을수록 건물 가치가 올라간다. 영업이익으로 충분히 커버 된다.

　예전에 숙박업소에 종사하는 분들만 관심을 두던 업종이 업소 수도 많이 늘어나 포화상태 지경에 이르렀고, 일반인들에게도 널리 알려져 대중화가 많이 되었다. 하지만, 여타 자영업보다는 여러모로 보아 상당한 비교우위에 있는 것은 사실이다. 필자가 카드매출액을 카드사로부터 직접 받아 각종 공과금 및 지출 내역까지 상세히 검증했던 가격이 높지 않은 충청남도 군 소재 T모텔의 실례를 살펴보자면,

✎ **객실 24, 매매가 14억(융자 8억)**

201X년 1월~10월 매출액			
년/월	카드매출액	카드비율	실 매출액(카드+현금)
201X년 1월	18,110,000	64%	2,780만 원
201X년 2월	12,715,000	53%	2,390만 원
201X년 3월	12,825,000	56%	2,290만 원
201X년 4월	12,955,000	53%	2,440만 원
201X년 5월	14,275,000	54%	2,612만 원
201X년 6월	13,200,000	50%	2,639만 원
201X년 7월	16,201,400	56%	2,900만 원
201X년 8월	14,595,000	52%	2,800만 원
201X년 9월	26,495,000	79%	3,350만 원
201X년 10월	15,840,000	56%	2,800만 원
1~10월 (10개월)	162,691,400 월평균 1,626만 원	60%	월평균 2,706만 원
201X년 11, 12월 포함 매출액 3억 1천만 원 정도			

월 경비 내역		
항 목	금 액	비 고
난방 및 모든 것 (전기로만 함)	겨울 250~300만 원	
	나머지 달 120~150만 원	
세탁비	120만 원	부가세 포함 132만 원
비 품	100만 원(매출 2,800 이상)	유동적
	50~90만 원(매출 2,500 내외)	
상하수도	6만 원	지하수 사용
전기안전	11만 원	
E/L 관리비	11만 원	
협회비	3만 원	
소독	3만 원	
정화조	8만 원	3달에 1번 지급
통신비	22만 원	
청소직원 2인	300만 원	
카운터 직원 1인	180만 원	
대출이자 8억(2.9%)	195만 원	
기타 여분비용	100만 원	
월 경비 (대출이자, 직원월급 포함)	1,359만 원(최대)	
	1,129만 원(최소)	

소유주가 직원 3명을 두고 운영하는 상기 도표의 모텔을 중급-상으로 분류해본다면, 소유주는 직접 운영 시 월 1,500만 원 정도의 순수익을 본다. 거주지가 안산이어서 임대 생각도 하였으며 보증금 2억에 월세 9백만 원으로 책정하기도 하였다. 코로나 19로 인하여 경기가 안 좋음에도 불구하고 매출액에 큰 지장이 없는 업소 중 하나이다.

다른 예시로, 천안의 K모텔은 노부부가 10년을 운영하였다. 객실 19개에 매출액은 1,200만 원 정도로 약소하지만 장기방을 많이 두어 청소 인력이 필요치 않았으며, 총 경비가 대출이자 포함 300만 원 내외로 월 순수익이 800만 원 이상, 매수 가격은 6억(융자 3억 포함) 정도였으며, 전라남도 H모텔의 경우 객실 56개로 월 평균매출액 6,000만 원 내외 월 순수익 4,000만 원 선이며 매도가격은 36억(융자 20억 포함)이었다. 결론적으로 말하자면, 임대로 운영을 하는 것보다 투자자금만 되면 매매를 통하여 직접 운영을 하는 것이 좋다.

모텔은 수익형부동산이므로 시세차익을 목적으로 하지는 않는다. 아파트 분양 후 매도 시 분양가격에 취득세를 합한 금액이 추후 매도 시에 최소한의 하한가가 되듯이, 모텔도 현 소유주의 매매가격에 취득세를 합한 금액 이상이 최소한의 거래가격으로 형성되므로 감가상각의 불안감은 가지지 않아도 되며, 매출액이 급감한 경우는 좋은 가격을 받을 수 없으므로 예외이다. 반대로 건물이 노후화되어도 매출이 좋고 위치가 좋으면 상상 이상의 매매가격이 형성될 수도 있다.

6. 무경험자 창업하기

모텔 창업을 하려고 결심을 굳히게 되면 매물을 알아보기 시작한다. 운영해본 경험이 없는 경우에는 단순하게 구하는 것이 좋다. 심지어는 오래 운영하여 본 경험자도 마찬가지이다. 매매 가격이 고액이라면 모든 것이 좋고 별문제 없겠지만, 매출액, 입지, 시설의 3가지 모두 마음에 드는 물건은 찾기 힘들다.

모텔은 수익형 부동산이며 일반 상가와 마찬가지로 입지 선정, 지역 분석 등 면밀히 검토하여 보아야 하지만, 일반 상가와 같은 부동산과는 약간의 차이가 있다. 상품이 일반 물품이나 음식이 아닌 사람을 상대하여 객실을 판매하기 때문이다.

근본적으로는 일반 수익형 부동산과 같다. 기본에 충실하며 충분히 검토하여 결정한다면 생각했던 바와 근접하는 물건을 찾을 수 있을 것이다.

가. 양심 있는 중개업자를 선택하라

부동산을 거래할 때 신뢰할 수 있는 인격을 갖춘 업자와 거래하는 것이 중요하다. 아무리 경험과 지식이 풍부하더라도 부도덕적인 양심을 가지고 있다면 계약 후부터 바로 엄청난 손실을 입을 수도 있다. 같은 중개업자라 하더라도 어떤 이는 고객의 입장에서 도움을 주기 위해 성심성의를 다하고 어떤 이는 고객이 지불할 수수료에만 관심을 갖는다. 일단 계약부터 하는 것이 주목적이다. 이런 중개업자는 거래상대로 적합지 않다. 또한, 중개업자의 전문적인 자질도 중요하다. 철저한 권리 분석과 매출 분석을 통하여 정확한 정보를 알려주고 위험분석을 하여 향후 감수해야 할 부분도 양심을 지키면서 말해주는 사람이어야 한다. 물론, 선택은 본인 자신이 하는 것이지만 여러 중개업자를 상대하다 보면 파악이 될 수 있을 것이다.

나. 지역과 종류를 결정하라

본인이 생각하는 지역이 있을 것이다. 어느 지역에서 해야 할 것인가를 군이 정하여 놓는다면 범위는 좁을 수밖에 없다.

이 경우 수익성의 메리트는 어느 정도 손실을 감수하여야 한다. 그리고 어느 종류의 모텔을 하는 것이 본인의 적성이나 성격에 적합한 것인가? 유흥가 근처, 모텔 촌, 관광지, 산업단지 부근, 역세권 부근, 도심중앙 등 입지는 수없이 많으므로 정하여 놓고 매물을 찾을 수도 있다. 어떤 입지는 초보가 운영하기에 어려워 약간의 경험이 필요하며 운영의 노하우 및 고도의 경영 방침을 적용해야 하는 곳도 있으니 주의하여야 한다. 즉, 처음 시작하는 초보 운영자가 어느 정도의 노하우가 있어야 경쟁에서 살아남을 수 있는 곳을 선택한다면, 수익을 못 낼 수도 있으며 소위 말하는 수업료를 크게 지불해야 할 수도 있다.

다. 한 단계 위 금액의 물건을 보지 말라

여러 종류의 모텔을 보다 보면 자신이 소유한 자본보다 매매 금액이 높거나 임차 시에는 보증금 혹은 월세가 비싼 물건이 눈에 들어온다. 금액이 비싸면 시설이 좋고 매출액이 높은 것은 당연지사이다. 투자 예정 금액을 오버한 매물이 마음에 들어 계속 답사만 다니고 망설인다면 결정을 못 하고 세월만 소비하는 결과를 초래하며 임차는 투자할 보증금이 한정되어있어 덜한 편이지만 매수의 경우에는 결국 포기하는 사례도 발생이 된다. 무리를 하더라도 감당이 될 수 있는 선을 그어서 하여야 한다. 즉, 본인이 가진 자본에 맞추어 창업하는 것이 올바른 선택이다.

라. 임차는 2부 수익률에 만족하며 소유는 무조건 수익이 난다

모텔 운영을 오래 한 사람들은 모텔이 수익성이 없다고 한다. 불과 몇 년 전까지 투자 금액의 월 5부 이상 나오던 시절에 운영했던 사람들의 입에서 나오는 말이다. 이제는 과거의 러브모텔 이미지에서 벗어나 많이 대중화가 되어버렸으며 수익형 부동산이나 생계형 목적으로 선호도가 상당히 늘어났다. 상황이 이렇다 보니 매매가는 높아졌고, 임차 시에는 세입자에게 과거와 같은 수익률이 날 수 있도록 임대인이 월세를 책정하지 않는다.

본인은 2억, 5억을 투자할 수 있는데 5억, 10억짜리 매출을 기대하지 마라. 임차는 투자 금액에 대비하여 순수익이 월 2부 이상 나오면 과거 몇 년 전의 수익에 비해서는 많이 부족하지만, 만족할 줄도 알아야 한다. 이 정도면 다른 수익형 부동산보다 수익률이 훨씬 높다. 그 이상의 수익은 본인이 얼마만큼의 열정과 참신한 아이디어로서 운영하느냐에 달려 있다. 그러나 매수하여 직접운영을 하면, 앞에서도 언급한 바와 같이 거의 무조건 수익이 난다.

7. 초보 투자자들의 유의할 점

초보 투자자란 무엇을 말하는가. 부동산에 관하여 전혀 일자무식일 수도 있고 부동산에 관한 한 많이 안다고 자부는 하지만, 모텔에 관하여 전혀 모르는 경우로 볼 수가 있다. 모텔 임차는 매매보다 자금의 리스크가 없고 적은 자금으로 모텔에 투자하여 운영의 경험을 쌓다가 한 단계 일보하여 투자 금액을 늘리거나 매수로 전환할 수 있는 장점도 있다. 하지만, 신중하지 못하면 금액적인 손실과 운영 초기부터 여러 가지 난제에 시달릴 수도 있다. 건물주 소위 임대인은 건물을 소유한 후에 여럿의 임차인과 다년간 계약을 했을 것이며 전담하여 임대를 놔주는 부동산 업자와도 친밀도가 있을 것이다. 건물주는 많은 보증금과 월세를 받을 수 있도록 중개업자에게 의뢰를 할 것이며, 중개업자 또한 계약이 되어야만 수수료가 지급되므로 양심 없는 이는 수단과 방법을 가리지 않고 계약에만 초점을 맞출 것이다. 이에 투자자 또한 초보이고, 이 3박자가 맞아 떨어진다고 하면 손쉽게 사기를 당할 확률도 배제할 수는 없다.

모텔 선정은 경험이 있는 투자자들보다 초보 투자자가 훨씬 더 신중하다. 경험 있는 투자자들은 일단 지역과 본인에 맞는 종류의 모텔을 우선 선정하고 중개업자에 의뢰받은 몇 개의 물건을 답사하고 경험과 감으로 결정을 해버린다. 하지만, 초보 투자자는 귀가 너무 얇다. 이쪽 사람 말을 들으면 이것이 옳고, 저쪽 사람 말을 들으면 저것도 옳다. 답사는 많이 가보지만 쉽게 결정을 하지 못한다. 이리저리 세월만 보내다 보면 좋은 물건은 정작 남의 손에 다 들어간 이후가 된다. 부동산을 좀 안다는 사람들도 자기의 주관이 뚜렷한 경우에는 남의 말을 잘 듣지 않는다. 본인만의 판단과 취향에 맞는 모텔을 찾다 보면 이 역시 세월만 흐르게 된다.

그리고 수개월, 심지어는 1년 이상 매물만 답사를 하게 되는 꼴이 되며 지나간 세월의 기회비용만도 엄청나게 크게 된다.

몇 가지의 항목을 정하고 거기에 모두 만족할 수는 없지만, 어느 정도 수준에 접근이 된다면 빨리 선택을 하는 것이 세월을 보내는 것보다 낫다고 권하고 싶다. 초보 투자자가 매물을 볼 때 유의하여야 할 몇 가지를 추려 본다면,

1. 대형 모텔이 아닌 경우 도로변이 아닌 한 블록 뒤의 이면진 곳이 좋다.

2. 주차 진입로가 넓고 주차 시설이 많은 곳은 무조건 좋다.

3. 복합건물보다는 단독 건물이 좋다.

4. 임차 시 권리금은 가급적 없는 곳을 택하고, 많은 곳은 피하라. 매출 여부를 떠나 회수가 어렵다.

5. 도보이던 차량이던 인구의 유동이 많은지 확인하라.

6. 근처에 유흥가, 음식점 등 상권이 형성되어 있으면 좋다.

7. 관광지 주변일 경우 홍보할 수 있는 업소인지 유심히 봐라.

8. 시설 또한 매우 중요하다. 통상 투자금액에 따라 차이가 나겠지만 영업 시작 후 손 볼곳이 많으면 어려운 상황에 도래 할 수도 있다.

9. 휴양지나 도심 외곽의 나홀로 모텔은 피하라. 단, 주변에 대형 산업단지나 사계절 꾸준한 유명관광지가 있다면 예외이다.

10. 역세권이라도 환승을 위한 유동인구가 많은 곳은 보기와 달리 최악이다.

11. 지방의 소도시가 대도시보다 운영이 쉽고 매출이 좋다.

12. 조식, 서비스 제공이 많은 곳은 피하라. 어떤 모텔은 마치 서비스 제공이 편의점 같은 곳도 있다.

13. 숙박 단가가 높은 곳을 택하라.

어느 정도 본인이 지침을 가지고 모텔을 골라야 한다. 유능하고 양심적인 중개업자를 만나면 본인이 발로 뛰어야 하는 수고가 많이 줄어드는 결과를 가져오지만 결정은 본인이 하는 것이다. 혹, 생각과 다른 물건을 계약하고 운영했을 시 가져올 수 있는 금액적인 손실을 방지하기 위하여 본인이 정보를 얻고 발로 뛰는 것이 가장 좋은 방법이다.

8. 임차시 모텔의 권리금

최근에는 모텔 임차 시 권리금이 붙어 있는 경우가 많이 있다. 일단 일반적인 권리금이란 무엇인가부터 알아보기로 한다.

2015년 5월 법 개정에 의거, 그동안 암암리에 이루어지던 권리금도 법제화가 되었다. 상가건물임대차보호법 제2조 제1항에 보면 대통령령에 의해 동법이 적용되는 보증금액을 한정하고 있는데, 권리금의 경우에는 상가건물임대차보호법 제2조 제3항을 통해 임대차보증금의 한도와 관계없이 권리금 보호조항을 적용하고 있다. 즉, 대통령령으로 정하는 보증금을 초과하여도 권리금을 받을 수 있으며, 제10조 1항의 8개 사유에만 해당이 안 된다면 받을 수 있다. 권리금이란 임대차목적물인 상가건물에서 영업을 하는 자, 또는 영업을 하려는 자가 영업시설·비품, 거래처, 신용, 영업상의 노하우, 상가건물의 위치에 따른 영업상의 이점 등 유형·무형의 재산적 가치의 양도, 또는 이용 대가로써 보증금과 차임 이외에 지급하는 금전 등의 대가를 말한다.

모텔의 경우 권리금에 대해서 알아보자면, 주인이 직접 운영하다가 임대를 놓을 시, 당연히 권리금은 없다. 임대차 계약을 하였어도 임대인이 시설 관리를 꾸준히 하여주는 곳도 있다. 이런 경우는 임차인이 권리금을 행사하기는 어렵다고 본다. 흔하지 않은 경우이지만 시설보수라던지 침구 같은 객실 용품을 임대인이 계속 지원하는 경우, 임차인으로서는 운영 시에 투자한 금액이 없기 때문이다. 반대의 경우로 임대인이 건물만 임차하여 주는 개념으로 운영이나 시설, 집기 등에 관하여 일절 관여를 하지 않는 경우에는 임차인이 운영을 위하여 필요한 모든 관계되는 것들을 본인 비용으로 투자하여야 한다.

임대차 계약 후 만료될 때까지 임차인이 오래된 집기나 비품을 교체하거나 부분적인 시설물 수리비용 등 그 업을 영위하기 위하여 투자한 금액이다. 이러한 비용을 지출할 때에는 임대인에게 통보하여 임대인도 어느 정도는 그 금액을 알고 있게끔 하여 두는 것이 좋다. 그리고 현 임차인이 운영을 하면서 탁월한 능력으로 전 임차인으로부터 인수를 받는 시점보다 매출액이 안정적으로 급상승되었을 시 관리 운영을 잘한 것에 대한 영업 권리금을 요구할 수도 있다. 모텔 권리금 대부분이 이에 해당한다.

매출이 높은 모텔은 당연히 권리금도 많다. 매물 또한 시장에 잘 나오지를 않는다. 그만큼 매출이 따라 주고 순이익이 생기는데 누가 쉽게 시장에 내 놓겠는가? 권리금을 지불하고 들어갈 시에는 그 권리금이 적정한 금액인지를 우선 잘 검토를 하여보아야 하며 지불한 권리금을 회수할 수 있는지의 문제도 신중히 생각해 보아야 한다. 권리금 관계는 신구 임차인끼리의 문제이지 임대인으로부터 지급을 보장받는 것이 아니기 때문이다. 기간 만료 후에 권리금 형성이 안된다든지 들어올 때 지급한 권리금 금액보다 터무니없이 낮은 금액을 받게 되어도, 그 손실은 순전히 임차인 본인이 감당해야 하는 몫이기 때문이다. 자영업자들이 하는 흔한 자조 가운데 '자영업으로 돈을 버는 방법은 권리금 장사밖에 없다.'는 말이 있다.

과거에는 모텔의 경우 권리금이 거의 없었다. 모텔의 임대가 대중화되다 보니, 수도권 및 대도시에서부터 시작되어 일반상가의 경우와 같이 권리금이 붙어 거래가 되기 시작한 것이다. 지불하여도 되는 권리금인지, 적자 누적으로 인하여 권리금에서 상쇄하려는 의도가 있는 것인지 등에 관하여는 세심한 주의가 필요하며 권리금 많은 곳은 피하여야 한다. 매수의 경우에도 주의할 부분이 있다. 예를 들면, 리모델링 후 매출이 최고점에 이르렀을 때 혹은 수단과 방법을 가리지 않고 매출을 극대화한 후 소위 치고 빠지는 이런 경우도 권리금에 버금가는 것이니 주의를 요한다.

9. 지방 모텔의 장점 및 고수익

전국의 숙박업소 사업체 수는 어느 통계를 보아도 정확한 것은 없다. 종류도 많아서 여관업 23,655, 호텔업 800, 휴양콘도운영업 300, 민박업 10,809, 기타일반 및 생활시설운영업 13,834 정도로 어림짐작할 수 있다. 전국적인 분포도는 아래 도표와 같으며 근 80%에 가까운 숙박업소들이 서울특별시와 광역시를 제외한 곳에 위치한다.

전국 숙박업소 사업체 수					
시도	사업장 수	시도	사업장 수	시도	사업장 수
전국	49,398	서울특별시	3,457	부산광역시	2,010
대구광역시	879	인천광역시	2,101	대전광역시	752
광주광역시	702	울산광역시	856	세종자치시	80
경기도	6,770	강원도	7,152	충청북도	1,852
충청남도	3,632	경상북도	4,115	경상남도	5,437
전라북도	2,352	전라남도	3,592	제주시	3,659

통계청 자료 갱신일 2020-02-10

모텔은 수익성부동산으로 서울을 비롯하여 수도권 및 지방에 많은 업소들이 분포하고 있다. 일반 아파트나 건물은 대도시, 역세권, 중심부일수록 매매가격이 높고 상가 또한 수익률이 높다. 산속이나 외진 곳 상가에 들어간 편의점이나 지방 군소도시에 차린 고급의류점, 유명 브랜드점이라면 대도시보다 수익이 현저히 떨어질 것이다. 그러나 모텔은 산속에 있어도 대박인 경우도 있다. 일반적으로 대도시나 수도권은 시설도 좋아야 하고 심한 경쟁으로 숙박요금이 하향으로 무너진 반면, 지방은 경쟁이 수도권보다 심하지 않고 숙박요금도 정상적이거나 더 비싼 요금을 받는 곳이 많이 있다. 전국 어디를 가던지 잠은 자야 하기 때문이다. 경쟁이 심한 밀집 지역의 숙박업체는 시설 및 요금에 따라 손님의 선택이 다양하지만, 여행·관광·출장으로 방문한 지방에서 5천 원, 1만 원 더 싼 곳을 찾아 돌아다니지는 않는 편이다. 업소가 어느 정도 시설만 되면 손님의 입장에서는 선택의 여지가 없으며 단골의 확보도 용이하다. 여기서 어느 정도의 시설이란 대도시 중상급 정도의 모텔만 되어도 지방에 가면 상급 모텔이라는 뜻이며, 숙박요금은 더 받을 수 있고 손님이 더 많아도 지출되는 경비는 똑같다. 수익률이 높은 것은 당연지사이다. 매매 시에도 매매가격이 수도권보다 월등히 저렴하며 순수익은 높다. 임차를 하여 운영해도 보증금 및 월세가 저렴하며 수익은 더 나은 경우가 많다. 지방의 경우, 혹자는 환금성을 많이 거론하는데 매출액만 평균 이상이면 염려할 바가 아니며 모텔과 같은 수익형부동산은 시세차익에 염두를 둬서는 안 된다. 서울에서 숙박업을 운영하시는 분들이 하시는 말씀이 지방에도 손님이 오느냐고 물어보는 경우가 있는데 휴게 손님은 적을 수 있더라도 숙박 손님이 넘치는 지역도 많고, 출장 손님 및 장기 거주 손님도 의외로 많으며 단골손님 확보도 지방이 더 손쉽게 할 수 있다. 서울이나 대도시에서 운영하던 분 중에는 지방으로 옮기어 하시는 분들이 매우 많다. 이구동성으로 하는 말이 수익이 훨씬 낫고 운영하기 편하다는 견해들이다. 모텔 매수나 임차운영 시 수익률에 초점을 맞추어 선택하는 것이 돈을 벌 수 있는 최선의 방법이다.

10. 모텔 전문 중개업자 선택

본인이 부동산에 관한 지식이 많고 투자에 실패 경험이 없다 하여도 각종 매체에 광고되어 있는 수많은 매물 중에서 개인이 좋은 매물을 찾는다는 것은 사실상 불가능에 가깝다. 모텔을 구할 때는 유경험자, 초보를 막론하고 전국에 있는 어느 모텔이 매물로 나와 있는지, 수익성 좋은 물건은 어느 것인지 알 수가 없으므로 부동산을 통하여 매물을 구하게 된다.

전국의 대부분 부동산은 숙박업소 중개를 취급하지 않으므로 모텔을 구하려면 인터넷을 통하여 부동산업자와 접촉을 하는데, 숙박업 중개는 지역 일반 부동산이 그 지역에 편입된 제한적인 물건만 다루는 경우도 있고 숙박업만을 전문으로 전국 매물을 중개하는 곳도 있다.

투자자는 모텔을 고르는 것만큼이나 중개업자를 선정하는 데도 신중을 기해야 한다. 자신의 여건을 충분히 이해하고 열심히 뛰는 책임감 있는 중개업자를 알아보아야 한다. 만일 부도덕한 중개업자와 접촉하여 손해를 보았다면, 누구를 탓하기 전에 결정에 신중을 기하지 못한 자신의 책임이 크다. 인터넷에 검색하여 보면 수많은 매도 및 임대 광고 블로그와 홈페이지 등이 존재한다. 거의 다 부동산업자들이 개인적으로 운영하는 것이며 의뢰인들은 그것을 보고 연락을 하여 관계가 맺어진다. 수많은 부동산업자가 책임감 없이 무분별하게 매물을 소개하며 그중 한 건 계약되면 다행이라는 식으로 의뢰인의 금전적 손실에 관하여는 개의치 않는다. 물론, 정확한 권리분석과 나름대로 검증을 통하여 좋은 매물을 중개하려는 업자들도 있지만 이와 같은 중개업자를 만난다면 매수자나 임차인 입장에서는 상당한 복이라고 할 수 있다. 중개업자 중에는 해당 지역이나 모텔의 상황 등을 전혀 모르고 중개를 하는 경우도 많으며 인원이 많은 전문 부동산일수록 직원들의 이동이 심하고 공유가 많아 타인의 매물을 소개하며 부정확한 정보를 줄 수도 있으니 염두에 두어야 한다.

무등록 중개업자란 부동산 중개사 자격증 없이 부동산 중개행위를 하는 것을 말한다. 특히, 컨설팅이라고 간판을 달고 실질적으로 모텔을 소개하고 소개비를 받는 행위를 하는 이 모두가 공인중개사법 위반이다. 공인중개사 사무실 직원이 자기 명의로 홈페이지나 블로그, 카페 등을 개설하여 중개하는 경우가 많은데, 계약 시에는 반드시 허가된 업소 상호와 대표자명으로 계약서를 작성하는지 체크해야 한다.

모텔 매물 광고 여부
공인중개사 시험에 합격한 자로서 등록관청에 중개사무소 개설 등록을 한 개업공인중개사 혹은 개업공인중개사에 채용된 소속 공인중개사만 부동산 광고를 할 수 있다. 단, 소속공인중개사는 개업공인중개사의 내용을 넣어야 하며 중개보조원은 광고할 수 없다.

Q 대표적인 무등록, 무자격 중개업자의 사례

1. 중개사무소 사무실에 중개보조원으로 채용된, 공인중개사 자격이 없는 사람이 현장안내 및 일반사무 등 단순한 업무보조가 아니라,

계약을 체결하는 행위를 하거나 중개를 업으로 하는 경우

2. 부동산컨설팅, 기획부동산을 가장한 불법중개를 업으로 하는 행위

3. 자격증을 빌려서 하는 경우

　책임감 있는 중개업자를 통하여 물건을 계약할 시 실보다 득이 훨씬 많다. 임대차 같은 경우에는 계약 전까지 임차인과 임대인이 서로 간에 호의적일지는 몰라도 계약 후부터 많은 갈등이 있을 수 있다. 이때는 소개해준 중개사를 통하여 문제 해결을 하는 것이 좋으며, 계약 시의 증인이므로 직접 대면 시 문제가 될 부분도 해결할 수 있다. 매매의 경우에도 건물 인도 후 혹시 발생할지 모르는 분쟁을 제3자의 입장에서 해결해줄 수가 있다.

　또한, 매매 시 중개업자로부터 발급받는 중개수수료 영수증은 훗날 양도소득세 납부 시 상상외로 절감이 되므로 절세에도 매우 유리하다.

🔍 중개업자 선정 시 살펴보아야 할 사항

1. 신뢰도가 있어야 한다. 무분별한 다량의 매물 소개나 부정확한 정보를 주는 이는 관계를 조금 지속하다 보면 파악할 수 있다.

2. 부동산업체의 지명도나 규모, 위치 등은 중요치 않다. 개인의 능력 문제이다.

3. 권리분석은 철저히 해주어야 한다.

4. 모텔에 관하여 전문성이 있어야 한다. 타인으로부터 전해 들은 이야

기를 본인의 것으로 포장하여 브리핑하는 경우도 많다.

5. 경험이 없는데도 불구하고 말솜씨가 달변인 업자는 피하는 것이 좋다.

11. 모텔 답사시 검토사항

모텔전문 중개업자를 선정하여 의뢰하면 물건을 추천받을 수 있다. 대개는 객실 수, 금액관계, 매출액, 건물 개요 등의 등의 간단한 브리핑을 하고 해당 모텔의 지번을 알려주며 답사를 갔다 오기를 권한다. 대부분 중개업자가 이와 같다. 무작정 갔다가는 실망감을 가지고 오는 경우가 대부분 이다. 제대로 된 부동산 중개업자를 만나야 한다는 이유가 여기에 있다.

투자자도 권리분석이 명쾌하고 양심적인 중개업자를 만나야 하지만, 중개업자로서도 매물만 받고 쌓아놓는 고객은 반가울 리 없다. 서로 신뢰와 믿음이 있어야 고객도 중개업자로부터 철저하고 양심적인 권리분석을 받을 수 있는 자격이 됨을 명심해야 한다.

부동산업자로부터 소개받은 매물이 마음에 들고 조건이 적합하다 생각하면, 다음의 사항을 먼저 확인해보는 것이 좋다.

가. 답사 전에 등기부등본을 열람하여 갑구, 을구를 세심하게 검토한다

상업용, 즉 수익성 부동산은 등기부등본이 심할 경우, 10페이지가 넘어갈 수도 있다. 건물의 이력을 꼼꼼히 살펴보아야 한다.

갑구는 소유권에 관한 내용을 적게 되는데 소유권에 대한 압류등기, 가압류등기, 가등기, 가처분등기, 경매개시결정 등이 주요 내용이다. 갑구에서는 등기부등본상의 소유자를 확인하여두고 압류, 가압류등이 되어 있는지 살펴보아야 한다.

소유권은 매매로 이루어졌는지 경매에 의하여 소유자가 바뀌었는지도 보아야 하며 경매로 소유자가 여러 번 바뀌었다면 해당 물건은 한 번쯤 생각하여 보아야 한다.

을구는 소유권 이외의 권리가 나타나는데, (근)저당권과 임차인이 있다면 전세권을 설정하여 놓았는지도 살펴본다.

모텔은 매매 시 금융기관으로부터 근저당권설정이 되어 있는 경우가 많다. 근저당권 금액을 반드시 확인하여 보아야 한다.

임차의 경우는 시세대비 너무 과다한 근저당이 설정되어 있으면 주의를 요하며, 매수 시에는 근저당이 많이 되어 있어 계약인수를 받을 수 있으면 좋다. 현금투자를 적게 할 수 있는 이점이 있고, 근저당이 많다는 것은 금융기관에서 해당 매물의 가치를 높이 보는 것이기 때문이다. 경매 시에는 감정가액 과 낙찰가액이라는것이 있다.

감정가액은 시세보다 부풀려 있는 경우가 많으며, 지역성에 따라 다르겠지만 경매 시의 낙찰가액은 감정가액의 80% 이하, 통상 50% 내외인 경우도 많으며, 20~30%까지 되는 경우도 있다. 의심쩍으면 대법원 사이트에 들어가 근접한 지역의 모텔이 경매에 낙찰된 것이 있으면 감정가와 낙찰가를 비교해보면 된다. 시세는 호가에 불과하므로 간과하여도 된다.

그리고 등기부등본을 우선 확인 후 답사에 들어가라. 선 답사 후 물건이 마음에 드는데 시세는 20억이고 근저당이 18억 설정되어 있다면, 구하려는 임차자 입장에서는 재고해 봐야 하는 매물이기 때문이다.

나. 답사 시에는 건물 및 시설을 점검한다

건물시설 상태는 계약 후 체크하면 이미 때는 늦다. 계약서에 아무리 명기해놓아도 물 건너 간 것으로 봐야 한다. 답사 시에는 건물의 하자 상태를 집중적으로 봐야 하며, 난방시설과 배관 및 보일러상태, 가구, 벽지, PC도 다시 손봐야 하는지 검토해야 한다. 기타 시설물을 파악한 후 유지 보수가 필요한 항목이 있으면 그 금액도 염두에 두어야 한다. 임차의 경우에는 잔금 후 영업개시를 하여 얼마 안 된 시점에 문제점이 여러 군데 돌출된다면 계약서에 아무리 명시했다 하더라도 임대인과의 분쟁은 불 보듯 뻔한 일이기 때문이다. 이를 미리 알고 사전에 방지하는 것이 좋다.

다. 월매출을 정확히 파악한다

소유주, 전 임차인, 부동산이 언급하는 매출액은 대부분 과장된 것이 많다. 매도나 임대를 하려면 그들도 어쩔 수 없다. 가급적 매출 자료와 증빙할 수 있는 지출경비를 많이 요구하여 확인하는 것이 좋다. 지출내용이 파악되면 매출에 따른 수익을 대충은 알 수가 있다. 월 매출을 어림잡는 방법은 여러 가지가 있다. 나름대로 어떠한 기준을 가지고 파악하여야 하며 뒤에 자세히 설명하도록 하겠다.

라. 매매가격 혹은 임차보증금 및 월세가 적정한지 파악한다

매매일 경우

모텔은 일반 아파트나 상가와 같이 분양가격이 없으므로 매도자가 부르는 가격이 매매가격이 되지만, 등기부등본에 보면 현 소유자가 매매 시 지불한 금액이 명기되어있다. 그 가격에서 취득세를 더한 금액에 매매된 연도, 매출액 상황, 건물상태, 수익률, 토지 공시지가 등을 종합하여 나름대로 판단하는 방법밖에 없다. 가장 중요한 것은 역시 매출액과 건물상태이며 매수자의 마음에 들어야 한다. 모텔을 오래 운영한 베테랑들은 매출액이 저조하고 건물상태가 불량하여도 입지만 좋으면 매수하는 경우도 많다. 즉, 매매에서는 적정가격이나 공시된 가격이 없으므로 매수자가 판단할 몫이다.

임대일 경우

임차보증금과 월임대료는 매출액 대비하여 적정한지 검토하여 보아야 한다. 모텔은 3:3:3 법칙이 있다. 월임대료:총지출경비:순수익이 33:33:33 이란 뜻이다. 이의 논조로 따진다면 월임대료가 1,000만 원이면 순수익도 1,000만 원이어야 한다. 또는 최근의 모텔 임대의 수익구조를 보았을 때 투자금 대비 2부의 수익률에 본인의 인건비 정도가 나오면 나쁜 편은 아니다. 3억의 보증금으로 임차했으면 600만 원의 순수익이 보장되어야 한다는 뜻이다. 이 경우 2부 수익률은 본인 인건비를 제외한 수익을 말한다.

대중화되었고 최근 경기가 매우 침체된 관계로 임차인이 운영 시 예전과 같은 많은 수익을 내는 곳을 찾기는 쉽지 않다. 여타 자영업보다 수익률이 높으니 매출이 잘 나오는 곳은 현 임차인이 계속 운영을 원할 것이기 때문에 근본적으로 매물이 나오지를 않는다. 위의 3:3:3 법칙에 충실하면 10일 정도 영업에 월세가 빠지는 게 이상적이다. 하지만 1억 보증금에 월세가 1천만 원이라면, 1억을 투자하여 월 1천만 원씩 버는 것도 이치에 맞지 않는다. 현재의 구조상으로 볼 때, 수도권 도심지는 보증금 대비 순수익 2부, 수도권 도심지 외곽은 2.5부 이상, 지방은 3부 이상이 무난한 수준이라 할 것이다.

12. 계약시점에서 숙지할 사항

　모텔의 매매나 임대차 시에는 대부분 모텔 전문 중개업자에 의뢰하여 거래를 하게 되므로 중개업자라도 신뢰가 가고 믿을 수 있는 자격 있는 공인중개사를 선별할 수 있는 안목을 가지기를 권하고 싶다.

　하지만, 계약을 원하는 물건을 발견하였을 시에는 중개사나 건물주 혹은 현 임차인의 말만 믿지 말고 본인이 꼼꼼하게 해당 물건에 관하여 체크를 해보아야 하며, 계약 전후의 기간에 숙지하여야 할 사항에 관하여 알아보기로 한다.

🔍 모텔 매수 또는 임차 계약 전후 확인 및 체크 사항

계약 전

가. 토지 및 건물의 등기부 등본 확인

인터넷을 이용하여 부동산등기부 등본을 열람하거나 발급받고자 하는 경우 대법원 인터넷 등기소(http://www.iros.go.kr)를 이용하면 된다. 대법원 인터넷 등기소에서 발행하는 등기부 등본은 열람용과 발급용 두 가지가 있다. 열람용 등기부 등본은 법적 효력이 없어 관공서 등에 제출할 수 없는 것으로, 권리관계 등을 확인만 하려면 열람용을, 보관이나 관공서 등에 제출하려면 발급용을 발급받으면 된다.

(1) 현재의 소유자를 확인하려면 갑구란을 살펴본다. 등기부상 권리가 말소되면 줄을 그어 지우는데, 소유권은 소유권이 이전되는 경우 전 소유자가 지워지지 않으므로 갑구의 권리자 및 기타사항의 맨 밑에 최종적으로 명기된 소유자가 현재의 소유자이다. 그리고 말소되지 아니한 압류, 가압류, 가등기, 경매개시 결정 등이 있는지 확인한다.

소유권 이외 말소 되지 아니한 것이 있으면 계약을 체결하기 전에 전문가의 도움을 받는다.

(2) 소유권 이외의 권리인 전세권, 임차권, 저당권, 근저당권 등을 확인하기 위하여 을구란을 살펴본다. 을구란이 표시되어 있지 않으면 소유권 이외의 권리가 없다는 것이다. 을구란에 기재된 사항 중 가장 흔한 것이 근저당권인데, 이는 은행으로부터 소유자가 해당 부동산을 담보로 대출받거나, 타인에게 돈을 빌리고 해당 부동산

을 담보로 제공한 것이다. 근저당권에는 채권 최고액이 표시되는데, 채권 최고액은 당해 부동산이 경매나 공매로 넘어가는 경우 채권자인 은행 등이 청구할 수 있는 최대 금액을 표시한 것으로 실제 채무액과 다르다.

금융기관마다 다르지만, 일반적으로 원금의 120%~130%로 채권 최고액을 설정한다. 임대차인 경우 전 임차인의 전세권 여부를 체크하여 잔금 지급 시 말소 여부를 확인하여야 한다.

나. 건축물대장 확인

등기부등본과 함께 건축물대장은 띠어본다. 정부24 사이트에 들어가면 건축물대장 인터넷 열람 및 발급은 무료이고 누구나 떼어 볼 수 있다. 대지면적, 연면적, 건축년도, 건물용도 등 자세한 것을 체크할 수 있다.

다. 해당 모텔의 행정처분 관계 확인

모텔의 대표적인 행정 처분으로는 미성년자 이성 혼숙, 도박장소 제공, 음란물 비디오 등 제공, 성매매, 윤락 장소 제공, 주류판매 위반 등이 있다. 행정처분 등의 사실을 관할 관청으로부터 확인해야 하며 해당 관청의 홈페이지에 접속하여 알아볼 수도 있고 담당 부서로 주소와 상호를 알려주고 행정 처분받은 사례가 있는지 전화로 문의하여도 된다. 이 경우는 담당자의 소속과 성명 및 날짜를 기록해 두면 된다.

행정처분 관계는 계약 후 잔금 때까지 상당한 기일이 걸릴 수도 있으므로 이 기간에 혹 발생할지도 모르는 행정처분 관계도 명확히 하여 두어야 한다. 전 업주 및 임차인의 행정 제재처분의 효과는 새로운 업주 및 신 임차인 또는 해당 영업 장소에 승계되므로 주의하여야 한다. 상세한 내용은 공중위생관리법 제11조의3, 제11조의4에 명기되어있다. 매수나 임차 시 분쟁을 피하기 위한 가장 간단한 방법은 소유주나 전 임차인에게 서류상으로 확약을 받아 놓으면 된다.

라. 건축법에 위반된 사항이 있는지 관할 관공서의 건축과에 확인

건축법에 위반되어 지적된 사항이 있는지에 관하여도 확인하여야 한다. 건축물 대장에서도 확인할 수 있으며 해당 업소 관할 관공서의 건축과에 문의하면 되고 소유주에게도 확인하여야 한다. 위반 건축물의 지적 사항이 있는 경우 하자가 되므로 계약 전에 책임 소재를 분명히 밝혀 두어야 한다.

마. 계약서 작성 시의 특약 관계나 문구 등을 사전에 조사, 숙지하여 불이익이 없도록 하여야 한다

바. 잔금 때 분쟁이 발생하지 않도록 계약 시 비품 문제를 확실히 하여두어야 한다

Q 계약에서 잔금까지의 숙지사항

계약 후, 잔금 전

(1) 운영 계획 수립 및 내부시설 보강 계획 수립.

(2) 소방 안전 관리자 교육(32시간)이수 계획 및 실시. 매달 시도
별로 교육일정이 잡혀 있으며 전국 어디서나 교육에 임하여
도 관계가 없다. 매일 8시간씩 4일간 교육이 이루어지며 마지
막 날에는 소방안전관리자 자격을 위한 시험이 있다.
접수 및 이수는 한국소방안전원의 홈페이지(http://www.
kfsi.or.kr)에서 하면 된다. 하지만 선택사항으로 반드시 자격
증을 취득해야 하는 것은 아니다.

(3) 비품의 부족분 체크 및 현재 근무 직원의 인수 여부 확인

(4) 매도인 혹은 현 임차인의 동의하에 전기시설 설비, 보일러 등
의 작동 방법을 영업 후 문제가 발생하지 않도록 숙지.

잔금일

(1) 잔금일 기준 제세공과금, 세금 완납 정산

(2) 직원 인수관계 및 거래처의 연락 방법 확인

(3) 장·단기의 숙박 이용객이 있을 경우 요금 관계 및 잔여 금액 정산

(4) 등기부상에 각종 제한이 있을 경우 잔금 지불과 말소를 동시

진행. (법무사에 일임하면 끝난다) 임대차 계약이면 전세권 설정은 임차인이 직접 하여도 된다.

(4) 영업신고증 명의자와 동행하여 관할 관청(시·군·구청)에 가서 영업신고증 승계.

(5) 영업신고증이 나오면 즉시 관할 세무서로 가서 사업자등록증을 교부. 매매 시는 소유권이 변경된 등기부등본, 매매계약서, 영업신고증을 지참하면 되고, 등기부등본은 교부 전이라면 전 소유주의 동의서로 갈음할 수 있다. 임차 시에는 영업신고증, 임대차계약서를 지참한다.

잔금일 이후

(1) 카드 체크기 명의 변경

(2) 전기, 전화, 상하수도, 영화업체 등 명의 변경

전기는 전화상으로 통보만 해서는 안 된다. 관할 KEPCO(한국전력공사)에 신분증, 매매계약서(임대차계약서), 사업자등록증을 준비하여 방문하면 명의 변경을 해준다. 명의 변경을 하지 않으면 이전 사업자의 명의로 세금계산서가 발행되므로 부가세환급을 받을 수 없다.

(3) 영업의 신고필 후 30일 이내에 관할 소방서에 소방관리자 선임통보

(4) 위생교육 실시 (온라인 가능)

13. 매매계약 시 포괄양도·양수 조건

매매 후 토지분과 건물분의 금액을 나눠서 신고를 하는데, 상가건물은 매매 시 건물분에 대하여 부가세가 발생한다. 매매가격이 25억인데 토지분 10억, 건물분 15억으로 신고를 하였다면 건물분 15억에 대한 10%가 부가세가 되는 것이다. 이 부가세는 매도자에게 부과의 통지가 날아오며 거래징수 시 매수자가 매도자에게 건물분 부가세를 지급하고 매도자가 세금계산서를 발행한 후 매수자는 지급한 부가세를 세무서로부터 환급받는 형태이다.

국가 입장에서는 세금을 징수하는 것이 아니므로 이러한 번거로움을 없애고자 포괄양도·양수 절차를 통해서 납부 및 환급의 절차를 아예 생략하는 것이다. 그러나 매매 시 매도자와 매수자의 조건에 따라서 경우의 수가 발생이 되며 과세가 되는 수도 있으니 주위를 요한다.

포괄양도·양수표				
매도인	매수인	부가가치세	포괄양도·양수	부가가치세 환급
일반과세자	일반과세자	발생	가능	가능
	간이과세자	발생	일반 전환 시 가능	불가
	비사업자	발생	불가	불가
간이과세자	일반과세자	발생	가능	불가
	간이과세자	발생	가능	불가
	비사업자	발생	불가	불가

비사업자	일반과세자	없음	불가	불가
	간이과세자	없음	불가	불가
	비사업자	없음	불가	불가

① 양도인이 일반 과세자이고 양수인이 일반과세자, 간이과세자, 비사업자인 경우: 세율은 10%(납부형태: 거래징수)

② 양도인이 간이과세자이고, 양수인이 일반과세자, 간이과세자, 비사업자인 경우: 세율은 업종별 부가가치세율×10%(납부형태: 공급 대가)

업 종	부가가치율
1. 소매업, 재생용 재료수집 및 판매업, 음식접업	15%
2. 제조업, 농업·임업 및 어업, 소화물 전문 운송업	20%
3. 숙박업	25%
4. 건설업, 그 밖의 운수업, 창고업, 정보통신업, 그 밖의 서비스업	30%
5. 금융 및 보험 관련 서비스업, 전문·과학 및 기술 서비스업, 사업 시설관리·사업지원 및 임대 서비스업, 부동산 관련 서비스업, 부동산임대업	40%

참고로, 간이과세 기준 금액도 2021.7.1.부터는 종전 4,800만 원에서 8,000만 원으로 인상되었으며 일정한 간이과세자는 세금계산서 발행이 가능하고, 세금계산서 발행이 가능한 간이과세자로부터 수취한 세금계산서 등은 매입세액 공제가 가능하다. 다만 세금계산서 발행의 예외사항이 있는데 아래와 같다.

(1) 간이 과세자 중 신규사업자 및 직전년도 공급대가 합계액이 4,800
만 원 미만 사업자

(2) 주로 사업자가 아닌 자에게 재화 용역을 공급하는 사업자

예) 숙박업, 소매업, 음식점업, 미용, 욕탕 및 유사서비스업, 여객운송
업 등, 다만, 숙박업, 소매업, 음식점업 등은 공급받는 자가 요구
하는 경우 세금계산서 의무 발급해야 한다.

• 여기서 포괄양도·양수란?

부가가치세가 과세되지 않는 사업의 양도는 양도인이 양수인에게 모
든 사업시설뿐만 아니라 영업권 및 그 사업에 관한 채권, 채무 등 일체
의 인적, 물적 권리와 의무를 양도하여, 양도인과 동일시되는 정도로 법
률상 지위를 그대로 승계시키는 것을 말하는 것이다.

부연 설명하자면,

매매계약서 작성 시 포괄양도·양수임을 명기해야 하며 매도인인 소유
주가 일반 사업자이고 업종: 숙박업, 업태: 여관이면, 매수자도 업종: 숙
박업, 업태: 여관, 일반 과세자로 사업자등록을 하여야 포괄양도·양수
에 해당한다. 또, 임차인이 있는 경우의 매매 시에는 매도인은 업종: 임
대업, 업태: 여관으로, 매수인도 매도인과 똑같은 업종·업태로 사업자등
록을 하여야 포괄양도·양수가 되는 것이다. 그러나 사업양도 이후에는
당해 사업을 양수한 사업자가 승계받은 사업 이외에 업종을 추가하거
나 업종 변경을 하여도 사업양도는 영향을 받지 않는다.

① 건물주가 임차인을 내보내는 조건으로 양도하는 경우

② 임대인이 임차인에 양도하는 경우(사업 승계에 따른 사업의 동질성이 사업양도의 핵심이다. 이에 따라 부동산 임대업자가 임차인에게 부동산 임대 자산을 매각 시 부동산 임대업을 승계한 것이 없기에 사업 양도로 보지 않는다)

14. 유흥주점이 있는 모텔의 중과세

유흥주점은 고급오락장에 해당하며, 모텔 매매 시 유흥주점이 딸린 건물을 매수하게 되면 취득세와 재산세가 중과세된다. 법령 및 사례를 통하여 검토하여 보기로 한다.

유흥주점의 정의는 아래와 같다.

식품위생법 제37조에 따른 허가 대상인 유흥주점 영업으로써 다음 각 목의 어느 하나에 해당하는 영업장소(공용면적을 포함한 영업장의 면적이 100제곱미터를 초과하는 것만 해당한다)

가. 손님이 춤을 출 수 있도록 객석과 구분된 무도장을 설치한 영업장소(카바레·나이트클럽·디스코클럽 등을 말한다)

나. 유흥접객원(임시로 고용된 사람을 포함한다)을 두는 경우로,

별도로 반영구적으로 구획된 객실의 면적이 영업장 전용면적의 100분의 50 이상이거나 객실 수가 5개 이상인 영업장소(룸살롱, 요정 등을 말한다.)

도표로 정리하여보면,

유흥주점 중과세 여부				
유흥접객원	영업장 면적	룸 개수	객실면적 비중	과세 여부
접객원 있음	100㎡ 초과	5개 이상	무관	중과세
		4개 이하	룸 면적이 영업장 전용면적 50% 이상	
			룸 면적이 영업장 전용면적 50% 미만	중과세 제외
	100㎡ 이하	무관	무관	
비 고	* 영업장 면적: 전용면적과 공용면적을 합한 면적 * 객실 면적비중의 영업장 면적은 건축물대장 면적			
적용대상	* 유흥주점이 있는 건축물을 취득하였거나 신축한 경우 * 건축물 취득 후 5년이 경과하지 않은 시점에 건축물을 용도 변경하여 유흥주점을 허가받은 경우 소급하여 적용			

유흥주점이 없는 모텔 건물과 4층 건물+지하 유흥주점, 혹은 1~4층 객실+5층에 유흥주점이 입주한 경우의 예를 들면, 취득세에 중과되는 부분은 매매금액의 전부에 해당하는 것이 아니라 건물면적의 안분에 따라 유흥주점의 해당 면적만 중과세가 적용된다. 간단히 말해서 유흥

주점의 해당 면적 부분만 취득세 10%(취득세 기본 2%+기본 2%×4배 =10%)와 농특세 1%로 상향되어 중과세된다.

매매가 20억 모텔 취득세						
취득세 중과세 대상이 없는 경우						
구 분	과세 표준	취득세	등록세	농특세	지방 교육세	합계
1~5층 (객실)	20억	2%	2%	0.2%	0.4%	4.6%
세 금		40,000,000	40,000,000	4,000,000	8,000,000	92,000,000
취득세 중과세 대상이 있는 경우(과세표준은 임의로 설정)						
구 분	과세 표준	취득세	등록세	농특세	지방 교육세	합계
1~4층 (객실)	16억	2%	2%	0.2%	0.4%	4.6%
		32,000,000	32,000,000	3,200,000	6,400,000	73,600,000
지하 또는 5층 (유흥주점)	4억	10%	2%	1%	0.4%	13.4%
		40,000,000	8,000,000	4,000,000	1,600,000	53,600,000
세 금		72,000,000	40,000,000	7,200,000	8,000,000	127,200,000

취득세 외에 재산세도 4%(기본 2.5%)로 중과되며 매년 6월 1일 현재 소유자에게 과세된다.

재산세는 임대인에 과세되지만, 임차인이 유흥주점을 운영할 경우 해당 면적 비율만큼 재산세의 중과되는 부분은 차액을 임차인이 부담하도록 임대차계약 시 특약을 하는 경우가 많으며 법적으로도 문제는 없다.

🖉 **취득세 과세 실제 사례**

매매가 10억, 객실 26, 연면적 889.91㎡	
4층	객실 207.27㎡
3층	객실 207.27㎡
2층	객실 207.27㎡
1층	유흥주점 114.75㎡, 주차장 55.08㎡, 관리실 40.68㎡
지1층	지하대피소 57.59㎡

상기 모텔의 경우 매매가격이 10억이므로 통상의 취득 시 4.6%인 46,000,000원의 취득제비용이 아닌 유흥주점의 중과세가 부과되어 58,105,790원이 고지되었다.

15. 모텔 경매 물건

대법원 홈페이지나 경매정보업체 사이트에 보면 수익형 부동산인 모텔이 경매에 나온 경우를 볼 수가 있다. 하지만, 입지가 양호하고 만족할 만한 물건으로 보인다 하여도 내부에 감추어진 일반인이 모르는 권리상의 하자를 무시하여서는 안 된다. 모텔에 관심이 있는 초보 투자자가 경매에 참여할 경우 실패할 확률이 대단히 높다.

경매에 나올 수 있는 물건은 매매 시 과다한 융자로 인수했을 경우 운영의 침체 시 급격한 매출 감소와 금융권의 대출상환 압박이 강해져서 나오거나 모텔을 담보로 돈을 빌린 사람이 이자나 원금을 갚지 못하는 경우 등이 대부분이다. 이렇게 경매에 나온 물건은 진위를 가리기가 매우 어렵다. 영업성이 검증되지 않은 모텔을 부동산적 가치만 고려하여 경매에 참여한다면 손해 볼 확률이 매우 높다. 철저한 검증을 통해 영업성을 따져 봐야 하며 경매 낙찰 후 모텔에서 얻어지는 영업적 이익을 고려한 매출수익이 먼저 우선시 되어야 한다.

예전이나 지금이나 경매로 큰 수익을 얻은 사람 대부분은 경매를 통한 매가와 낙찰가의 시세차익을 노린 사람들이 아니다. 오히려 저평가된 지역을 공략하여 각종 호재가 있는 지역을 선점하거나 노후화된 건물을 구조 변경하고, 시설 내부를 깔끔하게 인테리어 하고, 토지의 지목을 변경하거나 상가 등을 상권의 흐름에 맞춰 개조하는 등 여러 방법으로 큰 수익을 얻은 것이다.

모텔도 마찬가지이다. 허름한 여관이나 여인숙을 싼값에 낙찰받아 리모델링 후 직접 운영이나 임대를 놓으면 짭짤한 수익을 얻을 수 있다. 그러나 모두가 성공하는 것은 아니다. 지역의 특수성과 예상 수익률을 제대로 파악하지 못한다면 결코 높은 수익률을 올릴 수 없다.

초보 투자자들은 경매 물건을 고를 때 권리관계가 간단하고 비교적 단순한 물건에 응찰하게 된다. 하지만, 이런 물건은 자연히 경쟁률이 높고 어떤 때는 시세보다 높은 금액에 응찰하는 경우가 생기기도 한다. 그래서 다소 복잡하더라도 특수 권리가 끼어 있어서 낙찰받을 확률이 높은 물건에 눈을 돌리게 된다. 특수 권리란 유치권, 법정 지상권 등을 말하며, 일반적으로 유찰 횟수가 많고 경쟁률이 낮아서 권리 분석만 잘 하면 저렴하게 구입할 수 있다는 장점이 있다. 하지만, 특수 권리 등 복잡한 권리 분석을 할 때는 반드시 경매 전문가의 도움을 받아야 한다.

사실 경매는 일반 매매와 달리 워낙 따질 게 많아 경험이 풍부한 사람들도 쉽게 돈을 벌지 못하는 영역이다. 남들 다하는 경매 나도 한번 해보겠다는 식으로 무작정 돈을 던지는 일은 삼가야 한다. 경매에 뛰어들기 전에 반드시 알아둬야 할 점들을 몇 가지 정리해 본다.

가. 시세파악 및 인접 부근 경매 낙찰가를 살펴본다

최소한 관심 물건이 나와 있는 지역의 서너 군데 이상 중개업소에서 거래되는 시세를 알아낸 후 객관적인 가격 형성 대를 구해 봐야 한다. 지역 정보지나 매물 정보지를 종류별로 수집해 매물란에 나온 유사 매물의 시세 형성 및 호가와 급매가 수준 등을 파악하는 것도 좋다. 그리고 해당 물건으로부터 가장 근접한 지역에서 경매가 낙찰된 가장 최근 것을 서너 개정도 대법원 사이트에서 찾아내어 비교하여 본다.

나. 권리관계를 조사한다

권리관계의 조사는 필수이다. 법원에 비치된 것은 미흡하므로 직접 현장방문을 해봐야 한다. 어떠한 돌발 변수가 발생할지 모르기 때문이다. 근저당, 가압류, 압류 등은 법원 경매에서 낙찰되면 자동적으로 말소되지만, 선순위 가등기, 선순위 가처분, 선순위 전세권, 선순위 지상권 등 선순위 채권은 그대로 남게 된다. 가장 중요한 것은 유치권 문제이다. 임차권자가 있을 경우 원만히 명도가 이루어질 수 있는지도 사전에 조사하여 보아야 한다.

다. 경매 비용, 세금 문제 등도 확인한다

경매의 추가 비용으로는 제세금으로 취득세, 등록세 등을 부담해야 하고 명도비, 입주 지연에 따른 손해, 체납 공과금, 집 수리비 등 추가 비용까지 고려해야 한다. 따라서 시세와 비슷하게 낙찰받으면 오히려 일반 매매보다 손해를 볼 수 있다.

라. 실전 전문가의 도움을 받아라

대법원 사이트나 경매정보제공 사이트를 통해 관심이 있는 물건이 있으면 물건을 선정하고 조사를 시작한다. 본인이 직접 하기 어렵다면 경매 컨설팅 법인이나 유명 인터넷 사이트에 상담을 해보는 것도 방법이다. 경매 대행 수수료는 보통 감정가의 1%이고, 낙찰 뒤 권리 분석이 잘못된 경우 책임을 물을 수도 있다.

16. 소방안전관리자 선임 및 위생교육

숙박업을 하기 위해서는 소방 관련 사항은 의무이며 소방안전관리자 선임을 하여야 한다. 영업 양수일로부터 30일 이내에 소방안전관리자를 선임해야 하고, 선임한 날로부터 14일 이내에 소방서에 신고하여야 한다. 대부분 소방안전관리업무 대행업체에 의뢰하며 매달 일정한 보수를 지급하고 대행업체에서 모든 사항을 체크하여 주므로 염려할 부분은 아니다. 소방시설 설치 유지 및 안전관리에 관한 법률 제20조제3항은 소방안전관리업무를 업체에게 대행하게 하는 경우 소방안전관리 대상물의 관계인은 소방안전관리업무 대행자를 감독할 수 있는 자를 소방안전관리자로 선임할 수 있도록 규정하고 있다. 그러므로 모텔관계자가 직접 소방안전관리자 자격을 취득하여 놓으면 좋은 점이 많다.

 * 소방안전관리 업무 대행 시 장점
 1) 소방안전관리자 수첩 등이 없어도 소방안전관리자 선임 가능(공공기관, 연면적 1만5천 제곱미터 이상 건물 제외)
 2) 소방시설 오동작 시 신속한 A/S
 3) 매월 방문하여 소방시설 점검
 4) 작동기능점검, 종합정밀점검 실시 후 보고서 작성
 5) 소방시설에 대한 전문적인 상담 가능

여관업을 하는 모든 업소가 선임을 해야 하는 것은 아니고 일정규모 이상이어야 한다. 연면적 600㎡ 이하의 업체는 선임하지 않아도 된다.

가. 2급 소방안전관리자 자격취득

한국소방안전원(www.kfsi.or.kr)에 접속하면 교육 수수료를 내고 원하는 곳에서 지부별 강습(일/8시간, 4일)을 받을 수 있으며, 강습 마지막 날 자격취득시험이 실시된다. 객관식 사지선다형, 1과목 2과목 각 25문항씩 50문항, 1문제 4점, 매 과목 100점 만점으로 매 과목 40점 이상, 전 과목 평균 70점 이상이면 합격자에 한하여 시험 당일 '2급 소방안전관리자 수첩'이 발급된다. 합격률은 운전면허시험보다는 높지만, 만만하게 보았다간 망신을 당할 수도 있다.

나. 한국소방안전협회 질의응답 실례

질문_ 4층짜리 모텔을 운영하고 있는데요, 모텔 관리를 하려면 어떤 교육을 받아야 할지 몰라서 여쭈어봅니다.

답변_ 연면적 600제곱미터 이상 및 난방용 제4류 위험물(경유 1,000리터) 이상인 경우로 가상하여 답변을 드리겠습니다. 소방안전관리자 및 위험물안전관리자를 선임하여야 할 것으로 판단됩니다. 자격을 취득하는 강습교육은 받고자 하는 지역에 있는 지부의 교육일정을 확인하시고 접수하여 안내에 따라 교육을 이수하시면 될 것입니다.

(출처: 한국소방안전협회 묻고 답하기 코너)

위생교육은 상반기·하반기로 나누어져 집합교육이 실시되며 온라인 교육으로 대치하여도 된다.

① 집합교육

우편으로 받은 통지서에 기재된 시간 및 장소에 참석하여 교육에
임하면 된다.

② 온라인교육

상반기, 하반기에 나누어 시행되며 집합교육과 비슷한 시기에 오
픈하며 (사)대한숙박업중앙회 온라인 위생교육 홈페이지(http://
edu.motel.or.kr)에 접속하여 교육에 임하면 된다.

17. 누구나 할 수 있는 모텔

필자의 경우로 예를 들어보면 돈 받고 키 주면 다 끝나는 것이고 나머
지는 별거 있겠느냐는 개념이었다. 보일러조차도 생소하였으며 에어컨,
TV 리모컨 작동법은 물론, 객실 시트 교환하는 것도 처음 볼 정도의 상
태에서 무작정 임차 계약을 하고 시작하였다. 막상 해보니 정말로 아무
경험이 필요치 않았다. 상황이 접하면 다 하게 되는 아무 노하우가 필
요 없는 70~80대 어르신분들도 카운터에 앉아 계시는 바로 그것이었
다. 모텔을 처음 시작하려 하시는 분들의 문의 사항 중 첫 번째가 '과연
초보도 운영할 수 있느냐?'이며 기존 숙박업소 아무 곳이나 취직하여
수 개월간이라도 청소나 카운터의 캐셔를 해 보며 경험을 쌓아야 하지
않겠느냐는 질문이었다. 단언컨대, 그것은 경험도 아니고 쌩고생이다.

나중에 후회할 일을 굳이 만들어서 세월 소비하며 보낼 필요가 없다. 시설 고장이라던가 손님 응대 등의 임기응변만 잘하면 수일 내에 모든 것이 파악될 것이고 어려운 점은 전혀 없다. 그리고 그러한 일들은 누구나 할 수 있으며 여타 자영업과 비교하여

① 노동강도가 높거나 전문 지식 및 기술을 요하지 않는다.
② 폐업율이 타 서비스 업종에 비하여 거의 없다.
③ 계절적 비수기가 특별히 많지 않다.
④ 임차는 투자금이 손실될 위험이 거의 없다.
⑤ 투자자금에 맞게 선택지는 임차이든 매수이든 다양하다.
⑥ 열정과 의욕만 있으면 누구나 할 수 있다.

외에도 많은 장점이 있으며 단 한 가지 주의할 점은 임차이든 매수이든 처음 시작하는 곳의 선택을 잘하여야 한다. 장사가 잘되면 세월이 총알같이 지나가며 반대의 경우 1달이 1년같이 느껴지는 곳이 이 업종이라 전자의 경우이면 너무 오래 하여 도저히 하기 싫을 때까지 할 확률이 높으며, 후자의 경우라면 다시는 쳐다보기도 싫은 업종이 될 수도 있다. 물론, 후자가 될 확률은 매우 낮으며 여타 자영업과 비교할 때 할 만한 업종이 모텔인 것이다.

제2장

모텔 운영 앞서가기

1. 홍보와 광고

모텔도 홍보나 광고를 해야 하는가? 앉아서 찾아오는 손님만을 받아 영업할 것인가, 아니면 적극적인 영업 방식을 택할 것인가는 업주의 마인드에 달렸지만, 해당 업소의 지역이나 주변 상황, 시설관계 등을 고려해야 한다. 홍보를 할 수 있는 차별성이나 여건을 해당 업소에 구비해 놓고 홍보나 광고를 시도해야 한다. 주변의 동종 업소와 비교하여 모든 면에서 뒤처지는 업소가 과잉 홍보나 광고를 해서 그것을 믿고 손님이 찾아온다면 기만하는 결과밖에 되지 않을 것이다. 내 업소부터 내실을 다져 놓고 자신이 있을 때 홍보나 광고도 가능한 것이다. 모텔은 상품이 객실과 서비스이고 소비자는 고객이다. 최근에는 온라인 중심의 홍보 방법이 보편화되고, 교통수단의 발달과 인터넷, 스마트폰의 대중화로 원거리 위치에 크게 구애받지 않고 시설과 서비스가 우수한 모텔을 찾는 경향이 늘고 있다. 이러한 변화에 따라 숙박 시설에 대한 정보를 전문으로 제공하는 인터넷 사이트도 활성화되어 있으며, 모텔 내부의 객실 등과 관련된 일체의 정보가 제공됨으로써 모텔에 대한 이미지의 변화도 이루어지고 있다. 광고는 해당 업소의 장점 및 서비스 정보를 여러 수단 매체를 통해 잠재 고객에게 널리 알리는 활동이다.

근래의 모텔은 규모가 커지고 업체 간에 경쟁력이 심화되어 마케팅, 홍보 활동을 함으로써 매출액 상승에 일조를 가하고 있다. 홈페이지에서부터 카페, 블로그 제작 관리에 최근 SNS 열풍이 불며 트위터, 페이스북까지 인터넷을 활용한 모텔의 마케팅은 점점 진화하고 있다. 그중에서도 모텔 홍보·광고 사이트는 업계 마케팅 시장에 매우 중요한 역할을 맡고 있다. 이제 모텔도 다양한 광고 활동을 통하여 고객의 욕구에 부응하는 방식에 접근하게 된 것이다. 특히, 타 지역에서 방문하게 되는 투숙객들은 미리 인터넷 검색을 통하여 예약한다든가 최소한의 방문예정지를 선점하고 오는 경우가 많다. 이러한 검색 시 해당 모텔의 인지도를 높일 수만 있다면 주위의 타 업소보다 한 발짝 앞서 나갈 수가 있다. 지명도가 있는 홍보사이트는 야놀자, 여기어때 등이 있다.

2. 숙박앱 활용 및 관리

인터넷을 활용하지 않고 오로지 청결과 단골 고객 유지로 승부하는 업소도 많지만 숙박앱 상단에 고액 광고비를 지불하면서 시설과 서비스를 월등히 많이 투입한 업소는 그 지역을 독식하고 있다. 숙박앱이나 인터넷에서 해당 물건을 검색하였을 때 많은 사람이 좋은 평판, 댓글 등을 달아주면 방문하는 손님의 수도 늘어나며, 후에 매도 시에도 이익을 볼 수가 있다. 그러므로 숙박업소 입장에서는 인터넷에서 자신의 부동산이 어떤 평가를 받고 있는가 하는 점도 신경이 쓰이게 되었다. 수많은 숙박앱이 있고 후에 어떤 변화가 올지 모르지만, 현재 모텔 광고로 제일 유명한 곳은 자타가 공인하는 2곳이 있다. 과거에 젊은층만 검색하던 광고가 널리 알려져 대중화가 된 듯하다. 이미 언급한 바와 같이 이들 앱의 최상단에 등재되는 업소들은 대부분 그 지역에서 시설이 좋은 곳이며 광고비도 고액이다. 밑으로 내려갈수록 광고비는 줄어들며 손님들이 검색할 때 한참 밑에 게시되어 있는 광고까지 손이 가지는 않는다. 하지만, 안 하느니 광고하는 게 낫다고 소액이라도 지급하며 광고를 게시하는 업소들도 있고 아예 안 하는 업소도 있다. 숙박앱 광고업체는 전국을 세분화하여 그들 나름대로 등급을 책정하고 있다. 예를 들면 서울특별시는 1등급, 매출이 적은 지역은 5등급 이런 식이다. 경쟁 업소가 많고 인구 및 젊은층 고객이 많은 지역은 총 매출액에서 앱 비중이 50% 이상, 심지어는 80%까지 도달하는 곳도 있으며 지방의 경우에는 앱 광고를 전혀 안 하는 곳도 많다. 광고 시에는 대부분 매출액의 10% 수수료와 광고비 금액을 업소가 지불하는 형태이며 상단에 노출될수록 광고비 금액이 비싸며 소도시, 지방으로 갈수록 광고비는 낮아진다. 광고비 없이 계약서 약정만으로 매출액에 따라서 일정비율 수수료를 지급하는 숙박앱도 많이 있으며 이런 곳들은 고객들의 업소 방문이 많을수록 상단에 게시되기 때문에 단기간에 효과를 볼 수가 없다. 대도시 및 경쟁업소가 많은 곳은 앱 광고를 안 하면 매출액이 반 토막 혹은 더 떨어지는 곳도 있으며, 지방의 경우는 전혀 광고 없이 객실이 다 차는 곳도 있다. 경쟁이 심한 곳은 광고가 필수이지만, 시설은 반드시 받쳐줘야 하며 지방의 소도시 같은 곳은 이미 그 지역의 업소순위가 정해져 있어 쉽게 손님들이 바뀌지 않아 숙박앱의 비중이 적다 할 것이다.

1) 숙박앱이 필수적인 곳: 신축모텔, 리모델링한 모텔, 젊은층 고객이 많은 지역, 관광지 등

2) 숙박앱에 거의 영향을 안 받는 곳: 산업단지, 출장객 많은 곳, 지방 소도시, 스포츠경기 많은 곳, 장기방 위주의 업소 등

근본적으로 숙박앱에 등재 시에는 소위 사진빨이라는 것이 있어 외관 및 객실이 실제보다 멋지게 나온다. 그러나 시설이 좋아야만 광고 효과가 있는 것이지 반대의 경우에는 별 의미가 없다 할 것이다. 숙박앱에서는 상황에 따라 객실 요금을 수시로 바꾸는 것이 가능하기 때문에 경기 상황, 경쟁업체의 가격 조정, 손님의 유무에 따라 항상 변화를 주시하며 요금의 융통성을 발휘하여야 한다.

3. 매출액 상승 전략

모텔도 과거와 같이 오는 손님만 기다리는 시절은 지나갔다. 시설, 영업, 직원의 친절한 태도 등 모든 것이 종합되어 최상의 서비스를 제공하여야만 경쟁시대에 도태되지 않고 살아남을 수 있는 것이다. 작금에 모텔은 하나의 기업이다. 투자금액이 많을수록 시설이 좋아지겠지만, 현실상 진행하기란 쉽지 않다. 최소의 투자로 최대의 효과를 얻어야만 제한되어 있는 손님 및 급변하는 경쟁의 환경에서도 헤쳐 나갈 수가 있다. 최근 경기침체 및 경쟁업소의 과다로 모텔도 이제는 쉽게 매출을 상승시키기가 쉽지가 않다. 이러한 환경일수록 아이디어를 짜내고 연구를 하여 매출상승에 매진할 때이다. 그러면 어떻게 하여야 하는가? 간단하

면서도 실천이 쉽지 않은 몇 가지를 살펴보기로 한다.

첫째, 위생 및 청결에 더욱 신경을 써야 함은 백번 말하여도 지나치지 않다. 업주나 관리자만 개념이 철저하고 인식이 박혀 있다 한들 아무 소용이 없다. 근본적인 것은 실제 객실청소를 담당하는 룸메이드의 사고방식이 문제이다. 직원교육도 철저히 해야 하지만 호텔같이 조직적인 관리시스템이 없는 모텔의 경우에는 자주 지적을 하고 관리를 해주어도 일개 잔소리에 지나지 않는 수가 있다. 위생과 청결이 좋은 모텔로 소문이 나게 하려면 담당 룸메이드를 성실하고 책임감 있는 직원으로 채용하여야 할 것이다.

둘째, 매출이 하락하는 이유는 경기의 영향이 크지만, 주변 경쟁 업소들의 시설 투자 혹은 마케팅 전략으로 말미암아 상대적으로 손님이 줄어드는 경우도 있다. 주변 경쟁업소의 트랜드 및 경영상태를 주의 깊게 점검하여야 한다. 지피지기면 백전백승이라는 말이 있다.

주위에서는 비품도 업그레이드하고 이벤트도 하는데, 그 업소들 사정일 뿐 본 업소와는 무관한 일이라고 간과한다면 매출하락은 불 보듯 뻔한 것이다. 비품업자를 통하여 경쟁업소에는 어떤 용품이 들어가는가, 고객층은 어떤 부류인가 등을 수시로 점검하여 숙지하고 있어야 한다. 그리고 벤치마킹하는 것보다 한층 더 업그레이드하여 적용을 하여야 한다.

셋째, 낙후된 시설은 항상 꼼꼼하게 점검하여야 한다. 겨울철의 난방은 늦가을부터 미리 점검을 해놓아야 하며 여름철에 사용하는 에어컨도 마찬가지이다. 에어컨은 장기간 사용을 안 하다 하게 되면 물이 일시적으로 많이 빠져나올 수도 있으므로 에어컨 사용 전에 미리 작동을 하여 상태를 점검해두어야 한다. 객실의 온도, 욕실의 물 빠짐, 방범창, 세면대의 배수상태, 욕조의 갈라짐 유무 등 이상이 없는지도 수시로 체크를 하여야 한다. 좋은 시설과 깔끔한 침구에 다른 어느 하나라도 결함이 있다면 옥에 티라고 할 수 있다. 눈에 보이는 것은 그냥 간과하지 말고 즉시 보완을 하여야 한다. 손님으로부터 요청을 받고 그 후에 보완을 한다면 이미 때는 늦다.

넷째, 도색이나 도배만으로도 객실의 이미지를 완전히 바꿀 수 있으며 그림 하나, 장식하나 걸어 놓는 것만으로도 분위기를 바꿀 수 있다. 경쟁업소에서 간과하고 있는 무엇인가를 찾아야 한다. 무언가 독창적이고 손님으로부터 흥미와 관심을 유발할 수 있는 것 말이다. 업소마다 조건 및 환경이 전부 다르므로 업주와 관리자가 알아서 그런 것을 찾아야 한다. 그래야 타 업소보다 앞설 수 있다.

다섯째, 가만히 앉아서는 매출상승을 기대할 수 없다. 매출을 극대화할 수 있는 무언가를 찾아서 실행에 옮겨야 한다. 몇 회 숙박이면 하루 대실이나 숙박 무료이용권, 주말 방문손님에게는 특별한 사은품 등 처음에는 고객이 무반응일지라도 계속하여 시도를 해보라. 입소문이 곧 단골손님과 방문손님을 늘리는 지름길이다.

여섯째, 최상의 친절과 서비스로 응대하라. 손님의 정당한 요구에는 무조건 토를 달지 마라. 간혹 이런 손님도 있다. 객실에 수건이 없거나 치약이 없는데, 맨 위층에서 달려 내려오는 분들이 있다. 이런 분들은 대개는 점잖은 손님이다. 죄송하다고 거듭 사죄를 하고 콜을 하면 갖다 드리는데, 다음부터는 직접 오시지 말라고 당부를 하라. 내려왔던 피로가 한순간에 사라진다.

일곱째, 해당 업소가 인터넷을 통하여 홍보 및 광고가 적합한 입지라 생각되면 인터넷을 활용하여 홍보를 하라. 마케팅전략은 매우 중요한 것이다. 그러나 극소수의 업주를 제외하고는 개념이 없다. 과거의 관행과 타성에 젖어 아예 시도를 안 하는 것이다. 그럴수록 뒤처질 수밖에 없다. 적극적인 홍보자세가 필요한 것이다.

여덟째, 컨설턴트나 모텔전문 중개업자의 도움을 받아라. 다양한 환경의 업소들 컨설팅 경험과 모텔업주들과의 소통이 잦기 때문에 실전경험은 없더라도 운영자들로부터 전해 들은 많은 정보를 전달받을 수 있다. 컨설턴트의 컨설팅을 받으면 내가 알지 못했던 미처 생각하지 못했던 운영의 노하우를 아는 수도 있다. 한 걸음 더 나아가 위탁관리나 위탁경영도 하나의 돌파구가 될 수 있다. 숙박업체도 이제는 기다리는 영업을 해서는 아니 된다. 시설은 첨단화되고 있으며 호텔급 이상의 규모를 가진 모텔도 등장하고 있다. 비록 내 모텔은 그런 종류의 시설 및 규모에 미치지는 못하지만 나름대로 영업전략을 세우고 운영을 해야 한다. 시대에 뒤떨어지면 도태만 될 뿐이다. 적극적인 운영방식이 필요할 때이다.

아홉째, 젊은 층이 좋아하는 인터넷으로 영화나 드라마 등의 미디어 콘텐츠를 제공하는 넷플릭스 등과 같은 서비스나 향후 급격히 늘어날 전기차를 대비하여 전기차 충전기를 업소에 설치하여 둔다면 신규 고객 확보에도 많은 도움이 될 것이다.

4. 숙박일지와 지출경비

모텔을 경영함에 있어서 과거와 같이 주먹구구식으로 하는 시대는 지나갔다. 합리적인 예산방침과 운영능력이 조화를 이룰 때 매출의 극대화도 이루어지는 것이다. 일반적으로 지출 경비에 관한 것은 기록을 잘해 둔다면 많은 도움이 된다. 매일 숙박 일지를 써야 하며 그 숙박일지를 토대로 요일별, 월별 매출액과 숙박 및 휴게의 객실 수를 분리하여 통계를 내어 본다. 카드 및 현금 비율과 매출액도 작성하면 좋다. 언뜻 보면 많은 것 같지만 매일 쓰는 숙박일지를 제외하고는 며칠에 한 번 몰아서 작성하여도 많은 시간이 소요되지는 않는다. 이를 토대로 매출액을 정확히 알 수 있으며, 지출 경비를 산출하여 매출액으로부터 감하면 대략적인 순수익을 예상할 수 있다. 순수익이 예상되어야 얼마를 투자하여야 하는지를 판단하게 되므로 상기와 같은 데이터는 업주가 필수적으로 숙지하여야 한다.

특히, 숙박일지 쓴 것을 요약하여 잘 정리하여 놓으면 그다음 해의 모텔 운영에 적지 않은 도움이 된다.

전년도의 월별 통계에 의하여 매출액이 감소하는 달의 예측이 가능하므로 그에 따라 일시적으로 장기방을 추가로 유치하는 등의 대응방법이 생기기도 하며 운영의 재미를 느낄 수도 있다.

가. 숙박일지

휴게	호수	시간	결제	금액	비고	숙박	호수	시간	결제	금액	비고
1	301	13:00	앱	25,000		1	205	18:00	카드	50,000	
2	501	13:10	현금	25,000		2	505	18:20	현금	45,000	
3	601	13:15	카드	30,000		3	605	19:00	앱	50,000	
4						4					
5						5					
;						;					
;						;					
;						;					
;						;					
;						;					
34						;					
35						;					

날짜: 202X년 월 일   작성자:
비고:

구분	숙박앱	일반손님	포인트	합계
휴게	20	15	3	38
숙박	10	15	0	25
합계	30	30	3	63

휴게	850,000	정산	앱	700,000	계좌	50,000	2,000,000
숙박	1,150,000		카드	900,000	현금	350,000	

객실관리시스템에 일일 정보가 입력되어 있더라도 수기로 매일 작성하여 두며 양식은 운영자 나름대로 편리하게 만들어 한 장에 모든 것이 기록되도록 하는 것이 좋다.

나. 지출경비(6개월 단위)

창업 모텔 지출 및 순수익						
항목	1월	2월	3월	4월	5월	6월
상하수도						
심야전기						
일반전기						
인터넷						
비 품						
전화요금						
월 급						
대출이자						
기 타						
총경비(B)						
총매출(A)						
순이익 (A-B)						

지출 경비를 알아야 운영을 할 수 있으며, 지출의 정확한 산출을 통하여 수익률을 알 수가 있다. 모텔의 대표적인 지출 비용은 소유주운영시 대출이자와 인건비, 전기료, 임대차인 경우에 월세 및 인건비가 가장 큰 비중을 차지하며 공과금, 비품대, 보수비용, 부대비용, 기타세금 등을 포함하여 고정경비(매달 고정적으로 지출되는 비용)와 변동경비(객실의 사용빈도에 따라 지출이 변동 되는 것) 로 나눌 수 있다.

고정 경비

월세, 인건비, 세탁비, 보험료, 인터넷 사용료, TV 수신료, 전화요금, 방역비, 엘리베이터 점검비, 식대 등

변동 경비

전기요금, 상하수도세, 도시가스비, 비품대, 광고비, 건물보수비, 등

월 매출액을 상승시킬 수 있는 부분이 있다면 모르겠지만 매달 일정한 매출이라면 경비를 극소화하는 것이 수익률을 늘리는 방법이다. 하지만, 매출에서 오는 수익 증가보다 비용 절감에 의한 수익 증가에 더 관심을 두고 특히 인건비를 줄여서 경비를 절감하는 것은 좋은 방법은 아니다. 하지만, 쓸데없는 경비를 줄이는 것은 수익률 상승과 연계되므로 객실 회전율 강화와 더불어 경비 절감을 위해 노력하여야 한다.

5. 장기방 손님·요금·장단점

장기방·달방이란 말 그대로 장기간 투숙을 하는 것이다. 원룸이나 오피스텔과 같은 주거용과 달리 보증금과 관리비가 없으므로 선호 대상이다. 수도권, 지방을 막론하고 장기방을 이용하는 손님들이 의외로 많다. 장기방을 놓게 되면 매월 숙박 요금을 선 일시불로 받으므로 할인을 해줘야 하는데 숙박이나 휴게보다는 수익이 많이 떨어진다. 지역별 혹은 같은 지역이더라도 해당모텔의 시설에 따라서 요금은 천차만별이다. 통상적으로 1인 1실 기준으로 월 50~60만 원 정도를 기준으로 볼 수 있으며 시설이 안 좋은 곳은 30~40만 원대이고 70~90만 원대까지 받는 곳도 있다. 장기방을 받는 곳은 일단 장사가 잘 안되는 업소라고 보면 된다. 장사가 잘 되는 시설 좋은 업소에 고액의 비용을 지불하고 장기간 체류할 수도 있겠지만, 장사가 잘 되는 업소는 장기방을 놓을 이유가 없다.

《 장기방을 주로 이용하는 고객 》

1. 타 지역에서 장기 출장

2. 건설 공사 현장 직원

3. 업소 근로자, 일용근로자

4. 무주택자

5. 지역 주민

6. 이유를 알 수 없는 장기 투숙객

장기방은 업주에게 숙박이나 휴게보다는 수익률이 떨어지지만 안정되고 고정적인 수입을 발생시키고, 객실의 공실률을 줄여주며 최소한의 업소 영업 및 유지를 시켜주는 역할을 하므로 실제 사례로, 임차인이 장기방을 놓은 두 개의 모텔을 보기로 한다.

가. 대전 P 모텔

(1) 지역: 1km 이내에 종합대학이 있으며, 주변은 수백 개의 주점 및 음식점이 있는 지점으로 경쟁 모텔 또한 수십 개가 모텔 촌을 이루고 있다. 대부분 건축년도가 오래된 모텔들이 많다.

(2) 시설 현황: 객실 수 28개, 6개월 전에 리모델링을 했으며 LED TV, E/L, 현대식 욕실 등 인접한 타 모텔과 비교하여 월등하다.

(3) 보증금 1억 / 월세 400만 원

(4) 월 매출액 1,300만 원 내외, 순수익 300~400만 원 예상

(5) 장기방 15개, 일반 손님용 객실 12개, 업주 1개 사용

장기방 15개로써 월세 및 비용 등을 해결하고 있으며, 현재 하루 평균 숙박 객실 수 6개이므로 영업 여하에 따라 객실 수를 최소 2~3개만 늘려도 순수익 550~650만 원으로 늘릴 수 있는 업소이다. 이 경우 장기방의 이점을 십분 활용하는 것이다. 만약 장기방이 없다면 월 매출은 600만 원대이다.

나. 아산 P 모텔

    (1) 지역: 온천 지역 주변의 모텔로써 주로 관광객이 많이 오는 지역이며 주변에 경쟁 업소들이 많고 야간 조명이 휘황찬란한 모텔 촌으로써 약간 외곽에 위치하여 있다.

    (2) 시설 현황: 객실 수 48개, 프런트가 호텔급 이상으로 크며, 시설은 중급 정도이다.

    (3) 보증금 1억 5천 / 월세 800만 원

    (4) 월 매출액: 1,700~1,800만 원 내외, 순수익 200~300만 원 예상

    (5) 장기방: 40개, 일반 손님용 객실 6개, 룸메이드 1개, 업주 1개 사용

    건물주가 직영 시에는 3,000만 원 내외의 매출을 이루었으나, 젊은 임차인에게 임대를 준 후 그 임차인이 회사에 다니는 식으로 출퇴근을 하며 장기방 위주로 운영하여 매출액이 급격히 감소하였다. 장기방 운영으로 인하여 실패한 경우라 하겠다.

    이처럼 장기방은 운영 여하에 따라 득이 되고 실이 될 수도 있지만, 매출액이 안 나오면 당장의 대안이 될 수밖에 없으며 시설이 낡아 일반 손님을 받기 어렵다면 부득이한 경우이다.

6. 장기방 임대차 계약서

장기방 월세 임대차 계약서

숙박인과 본 모텔의 장기방 월세 임대차에 대해 다음과 같이 계약을 체결한다.

모텔명:

모텔주소:

숙박기간: ○○○○년 ○월 ○일 ~ ○○○○년 ○월 ○일까지(30일간)

숙박요금: 배정호실:

1. 본 모텔은 일반 숙박객실과 동일하게 사용에 불편함이 없도록 편의를 제공한다.

2. 숙박요금은 월 30일 기준으로 선지급 하여야 하며 기간만료일에 객실을 비우고 즉각 퇴실한다. 동시에 객실 내의 모든 소지품들은 반출해야 하며 미반출 시 모텔의 임의대로 처리한다. 이에 아무런 이의를 제기하지 않는다.

3. 선지급된 숙박요금은 어떠한 경우에도 환불치 아니하며 20일 이전 중도 퇴실, 해지시에는 해당업소의 일일 숙박요금 기준 2인 1실로 계산 하여 만약 추가 요금 발생 시 지불하여야 한다.

4. 계약인 이외의 사람은 숙박을 할 수 없으며 부득이한 경우 1인 10,000원의 추가 요금을 지불한다. 단 기간은 2일을 초과하지 못한다.

5. 모텔 영업에 지장을 주는 행위는 삼가야하며 업주의 2차경고 후

재발 시에는 조건 없이 퇴실한다.

6. 프런트에 보관하지 아니한 객실 내에서의 현금 및 귀중품 도난, 분실 시 모텔은 책임지지 아니한다

7. 객실 내 취사는 일절 금하며 기타 부주의로 인하여 화재가 발생할 시에는 손실액 전액을 즉각 보상한다.

8. 객실 내의 시설이나 비품을 파손, 분실 시 동일제품으로 즉시 변상한다.

9. 19세 미만의 이성 청소년과 혼숙해서는 아니되며, 적발로 행정 처분 시 업주의 휴업손실금 전액 및 정신적 위자료를 추가 배상한다.

10. 객실 청소는 일주일에 한 번을 원칙으로 하며 세탁은 본인이 직접한다.

OOOO 년 OO 월 OO 일

숙박인	주 소		서명(인)
	성명, 주민번호		
	전화번호		
OO모텔	성명, 주민번호		서명(인)
	전화번호		

장기방계약서는 장기투숙액의 신원파악 및 요금을 내지 않을 시, 기타 문제의 발생 시에 퇴실조치의 근거를 만들어 놓고자 함이다. 요금이 연체될 시에는 바로 퇴실조치를 하는 것이 좋다. 투숙 시 친절하고 매

너 좋은 손님도 일단 퇴실하면 남이다. 일일로 지불하는 투숙객도 요금이 밀려 가면 추후에 띠일 확률이 많으므로, 즉시 조치를 취하는 것이 좋다. 필자도 거의 3달간 일일로 묵은 손님이 있었는데, 2달간은 요금을 밀려가며 지불하다가 한 달은 지불치 아니하여 언제 주겠다는 각서까지 받아놓았으나, 그 날이 다가오자 새벽에 짐 챙겨 도주한 손님도 있었다. 연체하는 이유가 많지만, 훗날 결과적으로 보면 업주는 띠이는 게 다반사이며, 괘씸하고 불쾌하지만 연체된 요금을 받을 수 있는 방법이 없다. 어떤 투숙객은 일일 숙박자이었는데, 상당히 매너 있게 행동을 하며, 회사에서 월급이 좀 늦어진다며 요금을 곧 지불하겠다고 며칠간 차일피일 미루다가, 급기야는 회사에서 우체국으로 택배가 왔다며 찾아야 한다고 2만 원을 빌려 나간 후, 모습을 나타내지 않은 경우도 있었다. 숙박요금 미수는 지구대나 경찰서에 신고를 하여도 마땅한 해결방법이 없으므로 연체되는 즉시 퇴실조치가 정답이다.

장기방 계약서는 통상적으로 투숙객이 작성을 거부할 확률이 많으므로 장기 악성 투숙객 등에만 적용을 하는 것도 방법이다.

7. 미성년자 출입 관련 지식

미성년자 출입은 청소년 보호법상의 미성년자에 관한 조항을 알아보아야 하며 「풍속영업의 규제에 관한 법률」을 참고하여 다음과 같이 간단한 문답식으로 정리하여 보도록 하겠다.

가. 청소년 보호법은 어디서 담당하나?

해당 구청, 보건복지부, 경찰서가 아니다. 청소년보호법은 여성가족부에서 담당한다.

나. 모텔은 청소년이 출입 불가한 유해업소인가?

아니다. 모텔은 청소년 보호법상 유해업소에 속하지 않으며 청소년 출입금지 업소도 아니다. 청소년 보호법은 만 19세 미만 남녀 혼숙에 대해 금지, 처벌하고 있다. 그러나 고용금지 업종에는 속한다.

다. 모텔업자들은 왜 청소년, 즉 미성년자출입에 전전긍긍하는가?

청소년도 모텔출입이 가능하며 숙박할 수 있다. 단, 이성과의 혼숙 시 풍기문란 및 장소제공에 의하여 해당업주는 제재를 받는다. 제재로는 형사처분과 행정처분이 있다.

(가) 형사처분(경찰서)
　　3년 이하의 징역 또는 3천만 원 이하의 벌금(청소년보호법 제 58조 제5호)

(나) 행정처분 (해당 지자체)
　　위반횟수마다 과징금 3백만 원(청소년보호법 시행령 제44조 2항관련) 혹은 1차 위반 시: 영업정지 2월, 2차 위반 시: 영업정지 3월, 3차 위반 시: 영업장 폐쇄(공중위생관리법 시행규칙 별표7)

라. 행정제재 처분 효과는 승계인에게도 효력이 있는가?

공중위생관리법 제11조의3(행정제재처분효과의 승계) ① 공중위생영업자가 그 영업을 양도하거나 사망한 때 또는 법인의 합병이 있는 때에는 종전의 영업자에 대하여 제11조제1항의 위반을 사유로 행한 행정제재처분의 효과는 그 처분 기간이 만료된 날부터 1년간 양수인·상속인 또는 합병 후 존속하는 법인에 승계된다.

②공중위생영업자가 그 영업을 양도하거나 사망한 때 또는 법인의 합병이 있는 때에는 제11조제1항의 위반을 사유로 하여 종전의 영업자에 대하여 진행 중인 행정제재처분 절차를 양수인·상속인 또는 합병 후 존속하는 법인에 대하여 속행할 수 있다.

③ 제1항 및 제2항에도 불구하고 양수인이나 합병 후 존속하는 법인이 양수하거나 합병할 때에 그 처분 또는 위반 사실을 알지 못한 경우에는 그러하지 아니하다.

여기에서 제3항의 양수자가 해당 사실을 몰랐다는 것은 주관적인 것이 아니라 객관적으로 살펴보아도 몰랐으며, 해당 사실을 몰랐다는 것에 귀책사유가 없어야 한다.

이와 같은 경우에 해당하려면 양도양수 시 미리 관할구청에 행정처분을 받은 사실이 있는지 확인하였다는 점 등을 근거자료로 남겨놓는 것이 좋다.

제11조제1항

제11조(공중위생영업소의 폐쇄등) ①시장·군수·구청장은 공중위생영업자가 다음 각 호의 어느 하나에 해당하면 6월 이내의 기간을 정하여 영업의 정지 또는 일부 시설의 사용중지를 명하거나 영업소 폐쇄 등을 명할 수 있다. 다만, 관광숙박업의 경우에는 해당 관광숙박업의 관할행정기관의 장과 미리 협의하여야 한다.

공중위생관리법 제11조의4에 의한 같은 종류 영업금지 해당유무

적용대상	같은 종류 영업금지	같은 장소에서 같은 종류 영업금지
성매매 알선 등 행위의 처벌에 관한 법률 등을 위반하여 공중위생관리법 제11조제1항의 폐쇄명령을 받은 자	2년	1년
성매매 알선 등 행위의 처벌에 관한 법률 등외의 법률을 위반하여 공중위생관리법 제11조제1항의 폐쇄명령을 받은 자	1년	6개월

모텔과 같은 숙박업소는 법에 정해진 사항을 이행하지 않으면 영업정지와 같은 행정처분을 당하게 된다. 위반한 사람은 이의가 없겠지만 이를 모르고 업소를 양수한 사람이 이전에 발생한 위반행위에 의하여 행정처분을 당하게 되면 본의 아니게 손실을 초래하게 된다. 그러나 위의 공중위생관리법에 의하면 이전의 영업자에게 부과되거나 진행 중인 행정처분은 그 기간이 만료된 날로부터 1년간 영업을 넘겨받은 양수인에

게 그대로 승계되는 것으로 되어있어서 업소를 양수한 사람이 행정처분을 피하기는 어렵다.

이와같이 승계되는 이유는 영업정지 처분을 피하기 위해서 영업을 다른 사람에게 양도한 것처럼 해놓고 계속해서 영업을 하는 불법행위를 방지하기 위함이다. 만약, 행정처분의 승계로 인해서 영업정지를 당하게 되었다면 처분을 내린 행정청을 상대로 이의신청 및 영업정지처분에 대한 집행정지 신청을 하여 볼수가 있다.

집행정지 신청을 별도로 해야 당장의 불이익을 피할 수가 있으며 영업정지는 일부 경감되어서 과징금으로 전환될 가능성도 있으므로 이의신청을 잘 활용할 필요가 있고 업소를 양도한 사람에게는 손해배상청구를 할 수 있다. 근본적으로 계약체결시 사전에 행정처분 사항을 확인하여보아야 하며 계약체결 이후 잔금전에 행정처분이 있을경우의 책임관계도 특약사항으로 명기하여 두는 것이 피해방지를 줄일수 있는 방법이다.

마. 이성혼숙 및 공중위생법상의 미성년남녀 혼숙의 의미

'이성혼숙'은 남녀 중 일방이 청소년이면 족하고, 반드시 남녀 쌍방이 청소년임을 요하는 것은 아니다. 성년 남자(36세)와 청소년 여자(18세)를 한 객실에 투숙시킨 여관업주에 대하여 비록 여관에의 청소년 출입에 대하여 연령확인의무가 명분으로 규정되어 있지 않다고 하더라도, 여관업을 하는 자로서는 이성혼숙하려는 자의 외모나 차림 등에 의하여 청소년이라고 의심할 만한 사정이 있는 때에는 신분증이나 기타 확실한 방법에 의하여 청소년인지 여부를 확인하고 청소년이 아닌 것으로 확인된 경우에만 이성혼숙을 허용하여야 할 것이므로, 신분증을 소지하지 않았다는 말을 듣고 단지 구두로만 연령을 확인하여 이성혼숙을 허용하였다면, 적어도 청소년 이성혼숙에 관한 미필적 고의가 있다고 보아도 좋을 것이다. 라고 하여 위법을 판시 하였다(대법원 선고 2001도 3295 판결 '청소년보호법 위반').

미성년 남녀가 같은 객실에 투숙하지 못하도록 함으로써 미성년자의 순결과 선량한 풍속을 보호하려는 데 그 취지가 있으므로 같은 법조 소정의 '미성년 남녀의 혼숙'이라 함은 미성년 남녀가 같은 객실에 들어가 상당한 시간 동안 함께 지내는 것을 말하고, 반드시 성관계를 전제로 밤을 지새는 것에 한정할 것은 아니다(대법원 선고 95누13227 판결 '숙박업 영업정지 처분 취소').

성관계를 갖지 않았더라도 미성년 남녀가 한방에 오랜시간 함께 있었다면 혼숙한 것으로 봐야 하므로 이를 이유로 숙박업자에 대해 영업정지 처분을 내린 것은 정당하다는 대법원 판결이 나왔다.

경기도 양평의 M호텔 에서는 인근 고교 남녀학생 10여명에게 객실을 빌려주었다가 신고를 받고 출동한 경찰에 적발돼 영업정지 처분을 받자 "학생들이 생일파티를 했을 뿐 혼숙을 한 것은 아니며 하루 4~5백여명의 손님들로 붐벼 일일이 출입자를 체크할 수 없었다."며 소송을 냈다.

재판부는 판결문에서 "공중위생법상 혼숙(混宿)은 남녀가 함께 밤을 지새거나 성행위를 하는 경우뿐 아니라 오랜시간 한방에 머무른 경우도 의미한다."며 "미성년 남녀를 9시간 가량 한방에 머물게 한 여관주인에 대한 영업정지 처분은 정당하다."고 밝혔다.

바. 남녀동반 모텔출입 가능 나이는 언제부터인가?

풍속영업의 규제에 관한 법률에 보면 양벌규정이 생겨서 업주와 직원이 함께 처벌을 받을 수 있으니 출입가능 나이를 꼭 기억해야 한다. 과거에는 생일이 지나야 출입할 수 있었지만 법이 바뀌어 생일이 지난 여부와는 상관없이 만 19세 이상이면 누구나 입실할 수 있다. 청소년 보호법에 보면 " '청소년'이라 함은 만 19세 미만의 자를 말한다. 다만, 만 19세에 도달하는 해의 1월 1일을 맞이한 자를 제외한다."로 되어 있다.

청소년 보호법상 미성년자 정의	
2021년	2003년 1월 1일 이후 출생자
2022년	2004년 1월 1일 이후 출생자
2023년	2005년 1월 1일 이후 출생자
2024년	2006년 1월 1일 이후 출생자

8. 미성년자 혼숙에 의한 영업정지

미성년자 혼숙은 숙박업소를 운영함에 있어 업주들이 가장 신경을 쓰며 주의를 기울이는 부분이다. 카운터를 마주치지 않고 입실하는 무인텔, 휴대폰을 이용한 예약이 많아지면서 숙박업소 직원 등이 신분증을 확인하지 않아 간혹 발생하게 된다. 사업주가 아니라 직원에게 과실이 있다고 하더라도 미성년자 남녀가 혼숙한 사실이 적발되면 사업주 자신이 영업정지 등 행정처벌과 형사처벌을 동시에 받을 수도 있다. 방문하는 손님 전부의 신분증 검사를 할 수 없을 뿐만 아니라 미성년 남녀라 할지라도 근간에는 모두 성숙하여 목소리, 외모, 옷차림 등으로는 도저히 식별할 수 없는 경우도 있다.

아마도 숙박업을 오랜 기간 운영한 분들 중 미성년자 혼숙을 안 받아본 경우는 거의 없을 것이다. 단지, 모르고 지나간 것이다.

이처럼 미성년자 혼숙이 있을지라도 본인들이 신고할 리는 만무하고 적발이 될 확률은 거의 없지만, 만약 적발된다면 운이 없는 것이다. 생각지도 않던 의외의 사건으로 인하여 신고가 이루어지고 처벌이 내려지는 사례가 많다. 그러므로 업주는 꺼진 불도 다시 보는 식으로 항상 주의를 기울여야 한다. 미성년자 확인 신분증 제시요구는 손님들이 십중팔구 받아들이며 머뭇거린다면 의심을 가질 만하다. 필자의 사례로써 평일 새벽 3시경 약간 앳되어 보이는 청년 남자 고객이 객실을 요구하며 들어왔다. 사실 프론트에서 미성년자의 구분은 쉽지가 않다. 객실 키를 주고 CCTV를 통하여 모니터를 보니 뒤따라 들어가는 여성 손님이 보였다. 남자 손님이 요금을 내는 사이에 동행했던 여자는 계단에 대기하고 있다가 올라간 것이었다.

이것은 투숙하러 오는 손님들에게 가끔 발생하는 경우이다. 희미하게 보이는 치마가 꼭 교복 치마 같은 인상을 풍겼다. 학교 교복을 입고 올리는 만무하겠지마는 기분은 영 좋지가 않았다. 2, 3분 후에 객실로 콜을 하여 "죄송하지만, 두 분 모두 신분증을 좀 보여주십시오." 하고 요청을 하였다. 남자 손님만 프런트로 내려와 신분증 제시를 하였다. 미성년자 연령 기준에 딱 한 달 앞서 있는 턱걸이였다.

여자 손님도 신분증을 같이 제시하여 달라고 요구를 하니 여자 친구가 집에서 급히 나오는 바람에 신분증을 지참하지 못하였다고 동갑이라고 하길래 그냥 올려 보냈다. 그래도 영 기분이 내키지가 않았다.

다시 객실로 콜을 하여 신분증이 없으면 신분을 증명할 수 있는 다른 것을 보여 달라고 요구를 하였으며 남자 손님은 계속 동갑이라고 자기를 믿어 달란다. 죄송하지만 나이 신분 확인이 안 되면 숙박을 할 수 없노라고 말하고 퇴실 조치를 시켰다.

최근에는 이런경우도 있었다. 도로 건너편의 객실 40여개의 모텔이 미성년자 출입이 적발되어 2개월 영업정지 처분을 받게 되었다. 바로 코앞에서 실제상황을 목격하게 되니 남의 일 같지가 않았다. 며칠 후 위생검사를 나온 행정청에서도 미성년자 투숙을 주의하라고 당부를 하고 간 참이었다.

그날 여자 투숙객 3명이 새벽 2시쯤 입실을 하게 되었다. 어려 보이긴 하였지만 동성간의 입실이라 객실키를 주었는데 남자 1명이 따라들어가는 것이 보였다. 입실사유를 물어본즉, 컴퓨터 검색만 잠깐하고 퇴실하겠다 하여 믿고 들여 보냈으나 시간이 지나도 나오지를 않아 객실로 콜을 하니 받지도 않고 문을 두드려도 응답이 없었다. 보조키로 문을 열어보니 4명에서 잠이 들어 있는것이었다. 자는 객실에 차마 들어가지는 못하고 카운터로 돌아와서 계속 콜을 하니 여자 투숙객이 받길래 문을 열어달라 하고 신분증제시를 요구하였다. 전화를 받은 여자투숙객은 재작년 성인이 되었고 잠들어있는 여자투숙객 2명은 확인을 못하고 방금 깬 남자투숙객은 신분증이 없다고 하여 남자투숙객만 근처 PC방을 알려주고 퇴실조치 하였다. 며칠 후에는, 어떤 남자손님이 요구도 안한 신분증을 제시하며 "저번에 여자친구하고 왔었는데 신분증 검사를 하길래 미리 보여드리는 것이니 다시 검사하지 말아 달라고" 하며 입실을 하였다. 재작년에 미성년자 벗어난 나이였다. 20분 후 잠시 외출하는 듯싶더니 옷 뒤에 달린 모자를 푹 덮어쓴 여자와 같이 객실로 다시 들어가는 것이 보였다. 잠시 망설이다가 콜을 하여 신분증 제시를 요구하고 객실로 따라 올라갔다. 여자손님은 침대에서 잠든 시늉을 하고 있었으며 신분증은 바로 앞 어머니가 일하시는 가게에 가방과 함께 놓고 오는 바람에 제시가 불가능하고 자기하고 나이가 동갑이니 알려드리는 인터넷 사이트 아이디를 통하여 그것으로 확인을 좀 하여달라는 말도 안되는 소리를 하는것이었다. 객실은 이미 다 사용한 터였지만 퇴실하여 달라고 하고 환불조치 하였다.

미성년자 혼숙은 업주가 알고 묵인을 한 경우는 말할 것도 없지만, 모르고 적발이 되어도 빠져나갈 방법이 없다. 미성년자같이 보이는 나이의 남녀가 모텔에 들어가는 것을 본 행인이 신고하여 조사를 나올 수도 있다.

이 모든 것을 운에 맡길 수도 없는 노릇이며 철저한 직원교육 및 프론트에서는 세심한 주의가 필요하다. 하지만, 운이 나빠 미성년자 출입으로 영업정지란 행정처분을 받게 된다면 과징금으로 대체는 할 수 없는가? 행정처분이 과징금으로 대체될 수는 거의 없다.

행정청의 해당 기관 담당자에게 문의하여 과징금 처분이 불가능하면 행정심판 및 행정소송을 통하여 행정 처분의 기간을 줄여 보는 방법을 생각하여 볼 수도 있다.

업주가 미성년자 출입을 알 수가 없었고, 주의를 태만하지 않음을 증명할 수 있을 시 영업정지라는 행정처벌이 과하다 싶으면 시도하여 봄직하다.

미성년자 출입단속 시 경찰 조사가 끝나면 조사 내용을 행정청(구청, 군청, 시청)으로 통보를 해주고 통보를 받은 행정청은 업주에게 영업정지 처분을 한다. 행정청은 적발 업주에게 영업정지를 사전 통보하며 이 통보를 받게 되어 부당하다고 생각되면 의견 제출을 할 수가 있다. 의견 제출이 받아들여지지 않으면 행정청에서 영업정지 처분을 하게 된다. 영업정지 결정 통보를 받더라도 행정심판 청구를 하여 영업정지 기간을 감경받아 볼 수가 있다.

행정심판을 청구하면 그 구체적인 결과에 따라서 구제를 받을 수 있으며 이때의 구제라 함은 원칙적으로, 1) 영업정지 처분의 '취소' 등으로 그 영업정지 처분을 면함으로써 완전 구제를 받거나, 2) 영업정지 기간을 '감경'함으로써 영업정지 기간의 단축 변경 및 특별한 경우 영업정지

처분의 '과징금'으로 변경 등을 말한다.

행정심판 청구를 하게 되면 행정심판 위원회에서는 당시 상황, 미성년자를 받게 된 경위, 영업기간 등을 참작하여 판단을 하게 된다. 적발된 업소가 주의 의무를 성실히 하였는가에 따라 정상참작을 받을 수가 있다. 미성년자 입실 및 혼숙으로 영업정지 처분을 받았다면 입실 전에 모르고 있었는가, 몰랐다면 사유는 무엇인가, 신분증 제시를 했는가 안 했는가의 여부, 알고 있었다면 혼숙을 막기 위해 어떤 방법을 취하였는가, 퇴실을 요청하였지만 거부를 하였는가, 만약 업자가 주의 의무를 하였다고 판단된다면 행정심판을 청구해 볼 수가 있다. 단 증거를 가지고 청구를 하여야 한다.

영업정지가 되면 막대한 금액의 손실이므로 행정심판 청구는 신속히 진행해야 하며 얼마간이라도 경감을 받거나 과징금으로의 변경을 시도해 봄직하다.

참고로, 미성년자 혼숙 시 적발이 되면 형사·행정 처벌이 있다. 형사처분(경찰서)으로는 3년 이하의 징역 또는 3천 만원 이하의 벌금(청소년보호법 제58조), 행정처분(해당 지자체)으로는 위반 횟수마다 과징금 3백만 원(청소년보호법시행령 별표11) 혹은 1차 위반: 영업정지 2월, 2차 위반: 영업정지 3월, 3차 위반: 영업장 폐쇄(공중위생관리법시행규칙 별표7)이다.

9. 3인 이상 남녀 혼숙 시 투숙 여부

모텔을 이용하는 분들이나 업주가 궁금한 점 중의 하나가 동성이 아닌 여러 명 이성이 들어와 객실을 한 개나 두 개를 잡을 때이며, 제일 난감할 때가 딱 3인이 올 경우이다. 혼숙이라는 의미는 남녀가 한방에서 자는 걸 의미한다. 혼숙은 숙박업소 출입의 규제사항은 아니며 단지 미성년자의 혼숙을 금지하고 있다. 한쪽 일방이 나이가 많더라도 미성년자와의 남녀혼숙은 금지된다. 그러나 자녀가 부모님과 여행을 가서 숙박을 하는 것과 같이 법적보호자와 미성년자의 혼숙은 물론 가능하며, 부모님의 동의서를 받은 미성년자끼리의 혼숙도 가능하다. 성인남녀의 혼숙은 어떨 때 많이 이루어지는가?

① 나이 드신 분들이 숙박료 절감을 위하여 밤늦게 들어와 투숙하는 경우

② 숙박이 목적이 아닌 酒가 목적인 경우

③ 학교 동창들끼리 그냥 혼숙하는 경우(인원 적은 학교 동창일 경우 유대관계 돈독)

④ 이른 새벽의 교통편을 위하여 밤늦게 잠시 투숙하는 경우

⑤ 가족관계(법적 보호자 동반)

등등 여러 경우가 있다. 결론은 3인 남녀 혹은 그 이상 인원의 혼숙도 가능하며, 법적인 아무런 규제는 없다.

단지 주의할 점은 법적 미성년자를 겨우 넘긴 3인 이상의 혼숙은 추후 미성년자 1인이 합류할 가능성이 농후하므로, 업주가 퇴실 시까지 감시할 수 있다면 몰라도 그렇지 않은 경우는 입실을 거부하는 것이 마음이 편할 수도 있다. 3인 이상 혼숙으로 입실 시 투숙을 제한하는 가장 좋은 방법은 숙박요금을 높여서 제시하는 것이다.

10. 숙박료 미수금 처리방법

숙박료 외상은 모든 업주가 경험을 많이 해 보았을 것이다. 손님이 자주 투숙을 하다 보면 이런 상황이 꼭 발생한다. 규모가 있고 외관 및 내부도 호텔급 버금가는 모텔은 고객의 입장에서는 한마디로 좀 주눅이 들기에 외상을 못 하거나 그럴 생각조차 하지 않지만, 규모가 중급 이하 혹은 지방 소도시, 군지역이며 카운터 직원과 잘 아는 관계, 자주 오는 타 지역 손님, 그 지역의 단골, 지역의 근로자인 경우면 외상이 종종 발생한다. 숙박업을 오래 운영하고 경험이 많은 업주들은 절대 숙박료 외상을 주지 않지만 간혹 피치 못 할 경우도 있다. 결론부터 말하자면, 외상 주면 돈 못 받고 그 손님 영영 못 본다. 필자의 경험으로 사

례를 몇 개 소개하자면,

사례1

작은 아파트 시행사의 사장님이었다. 거주지는 수도권이지만 지방에서 아파트 건설 및 분양을 책임지다 보니 주말만 빼고는 지방에 내려와서 숙박을 모텔에서 하였고, 일일 숙박으로 매일 요금을 내면서 일을 하였다. 엘리트이시고 점잖은 분이었으며 단골 분이라 5천 원 할인으로 매일 숙박을 받았었는데, 분양이 잘 안 되어 그러니 당분간 외상으로 묵게 해달라 하여 그리하였더니 어느 순간부터 자취를 감추었다. 이분 같은 경우는 그래도 이해가 가는 경우이다.

사례2

옆 모텔이 리모델링을 하느라 리모델링 업체의 부장과 그가 인솔한 목수, 내부치장, 도배 등 인부들이 한꺼번에 숙박하여 객실을 3~4개씩 매일 사용하였는데, 처음 한 달여간은 매일 숙박료 지급을 하다가 하루, 이틀 카드를 놓고 왔다는 둥 지연하더니 이후에도 차일피일 온갖 핑계로 미루어 130여만 원의 숙박료를 미지급하였다. 숙박 인원이 좀 되면 금액은 순식간에 불어나며 이 정도의 금액이 되면 업주가 사정을 하는 단계에 이르게 된다. 독촉을 하니 숙식하던 직원들 방을 다 빼버렸고 다른 숙박업소, 음식점, 직업소개소, 여러 업체의 자재대금 등도 모두 지불을 하지 못하는 상태였다. 이미 퇴실한 후인지라 전화로 독촉하면 도리어 적반하장이었다. 경찰서에 고소하러 갔다가 안면 있는 강력계 형사를 만나게 되어 자초지종을 얘기하니, 직접 전화를 한 통 해주어 그 당일 바로 밀린 숙박료를 모두 회수할 수 있었다. 후에 알고 보니 다른 업체들은 모두 돈을 못 받았으며 리모델링 업체 사장은 잠적하였다고 한다.

사례3

직업소개소를 통하여 일일 작업을 나가는 근로자로 매일 숙박을 하고 있었는데, 일도 안 나가고 컴퓨터 게임에 빠져 종일 객실에 투숙하며 하루 이틀 밀리더니 일주일, 보름씩 밀렸다. 일 나가는 날에 앞의 밀린 숙박료를 조금씩 결제하는 방법으로 숙박을 지속하다가 99만 원의 미수금을 남긴 채 새벽에 도주하였다.

사례4

중국집 배달원이었는데 꽤 자주 오던 고객이었다. 숙박료를 못 주면 신용카드를 맡기고 며칠 후 돈 가지고 오고 하기를 수차례 하다가, 하루는 자기를 못 믿느냐며 카드 및 신분증을 안 가지고 왔다고 외상을 요구했고 그다음 날도 미안하다며 하루 더 요구했다. 그 이후 이 손님은 전혀 나타나질 않았다.

숙박업을 하다 보면 이러한 사례는 수없이 많다. 그러면 밀린 숙박료를 받는 방법이 있을까?

하루, 이틀 외상 후 안 나타나는 경우 사람을 볼 수가 없으므로 받는 방법이 없다. 또한, 요금을 안 내면서 장기로 묵는 경우 장기숙박 계약서가 있을지라도 받기 어렵다. 장기숙박은 업주가 고객의 소지품을 방에서 뺄 수 없으며, 퇴실을 명하여도 거부하면 경찰에 의뢰해서 고객을 내보내는 것은 할 수가 있지만 밀린 숙박료 지급은 민사소송으로 가야하며, 주거가 일정치 않은 고객한테 밀린 숙박료를 받아낸다는 것은 불가능하다고 보아야 한다. 숙박료는 무조건 선불로 받아야 하며, 일행이 와서 지급한다거나 후불로 낸다거나 외상을 요구하는 것은 단칼에 거절하는 게 최선이다.

11. 숙박업주 사업용 신용카드

모텔의 운영 시 부가가치세 신고 및 납부를 하게 된다. 숙박업은 매입자료를 받는 것이 많지가 않다. 지출되는 비용이 적어서 받지 못하는 것이 아니라 전기료, 도시가스, 비품대, 인터넷·전화 등 몇 가지 제한된 지출 경비를 제외하고는 매입 증빙을 받는 것이 쉽지가 않다. 예를 들면 하자보수를 위한 수리비나 운영에 필요한 여러 가지 제품 및 도구들의 매입, 사소한 비용들이 의외로 많이 지출됨에도 불구하고 매출신고 금액에 비하여 지출 경비의 증빙이 없어 부가가치세 신고 시 난감한 경우가 많이 발생이 된다. 그러나 운영에 필요한 모든 지출 경비를 사업용 신용카드로 결제를 하면 비용처리를 할 수 있으며 소모성 물품을 구입하는 경우에도 사업과 관련된 것이라면 매입세액을 공제받을 수 있으므로 모텔업주들은 사용해 봄 직하다.

① 사업용 신용카드란 사업과 관련하여 신용카드로 물품 등을 구입하여 매입세액을 공제받을 경우 매입세액 공제시 개별명세를 작성하지 아니하고 전체 거래 금액 중 공제받을 금액의 합계액을 기재하여 신고하는 제도이며

② 사업용 신용카드 사용내역 조회 화면에서는 거래처의 간이과세 또는 면세사업자 여부도 알 수 있어 부당한 공제를 방지할 수 있는 편리한 제도이다.

사업용 신용카드 등록제도는 개인사업자가 가사 경비가 아닌 사업 관련 경비를 지출하는 용도로만 쓰는 신용카드를 홈택스 홈페이지에 등록하는 것을 말하며 부가가치세 신고를 편리하게 할 수 있다

즉, 등록한 사업용 신용카드로 매입한 합계금액만 기재하면 매입세액공제를 받을 수 있어 편리하며 사용내역은 국세청이 카드사로부터 내역을 제공받아 전산 구축하여 부가가치세 신고 기간에 조회할 수 있도록 하고 있다.

개인사업자의 경우 부가가치세 확정신고 기간인 1월 중순과 7월 중순에 조회된다. 최근 신용카드로 결제하는 소비자의 비율이 높고, 현금영수증 발급이 확대되면서 자영업자의 수입금액이 대부분 노출되어 자영업자의 세금부담이 높아진다는 우려에 따라 신용카드매출전표 및 현금영수증을 발급하는 사업자에게 세제 혜택을 부여하는 제도를 마련한 것이다.

사업용 신용카드 등록은 홈택스 홈페이지에서 공인인증서로 로그인 후 등록을 하여야 한다.

사업용 신용카드 등록
국세청홈택스〉조회/발급〉현금영수증〉사업용신용카드〉사업용신용카드등록

① 사업용 신용카드 사용내역은 부가가치세 신고 기간에 현금영수증 홈페이지 사업용 신용카드 조회화면에서 해당 신고 기간 분에 대한 신용카드 사용내역을 조회할 수 있으며

② 동 화면에서 매입세액 공제·불공제를 선택하면 해당 신고 기간의 공제받을 금액의 합계액이 표시되므로 신고 시에 활용하면 된다.

사업용 신용카드 누계조회
국세청홈택스〉현금영수증〉납세관리인 조회서비스〉사업용신용카드누계조회

12. 숙박업소 의무 보험

화재위험에 대한 보장을 받기 위해서는 해당 모텔의 소유주는 동 건물에 대한 화재보험에 가입해야 하며, 임차인은 동 건물에 대한 임차인 배상책임보험에 가입해야 함이 원칙이다. 화재의 원인이 임차인에게 있다면 보험사는 임차인에게 구상권을 행사하여 책임을 묻기 때문이다.

임대인과 임차인 간에 계약 기간이 종료되면 임차인은 목적물 반환의 의무가 발생하며, 이는 모텔을 원상으로 회복하여야 한다는 것을 의미한다. 임차인이 건물주에게 손해액을 배상할 책임이 발생하는데, 그 돈을 보험회사에서 대신 물어주기 때문에 보험회사 측은 구상권을 청구하게 되는 것이다. 다시 말하면, 임대인이 가입한 화재보험은 임차인에게 효력이 전혀 없다. 보험계약은 건물주(임대인)와 보험회사와의 계약일 뿐이지, 임차인과는 상관이 없는 것이다. 따라서 당연히 원상 복구의 의무에 의해서 임차인이 건물주에게 물어줘야 할 돈을 보험회사에서 보상하였기 때문에 구상권을 청구하는 것이며, 이를 대비하여 임차인도 보험에 가입하여 두어야 한다.

또한, 숙박업소의 화재·폭발·붕괴로 인한 타인의 신체 또는 재산피해를 보상하기 위해 모든 업소는 재난배상책임보험에 의무적으로 가입해야 한다. 미가입 시 위반 기간별로 과태료는 가중되며 최고 300만 원까지 부과된다. (과태료 부과기준: 재난 및 안전관리 기본법 시행령 별표5) 따로 가입할 필요는 없으며 화재보험에 가입하면서 특약으로 가입하면 된다.

구 분	화재보험	재난배상책임보험
자기시설	보 상	미보상
제3자 인명피해	미보상	보 상
제3자 재산피해	미보상	보 상

재난배상책임보험 가입 의무자는(재난 및 안전관리 기본법 시행령 제83조의4 제2항)

① 가입대상 시설의 소유자와 점유자가 같은 경우: 소유자
② 가입대상 시설의 소유자와 점유자가 다른 경우: 점유자
③ 가입대상 시설에 대한 관리책임과 권한을 부여받은 자인 경우: 관리자

모텔을 임차하여 운영 중인 경우에는 임차인이 가입을 하여야 한다.

• 주차장 배상책임보험

모텔에서의 주차는 거의 절대적이다. 아무리 운전 경력이 오래된 사람이라도 타인의 생소한 차량으로 좁은 주차장 내에서 주차하기란 쉽지가 않다. 백번을 잘하여도 한 번의 실수는 바로 손해배상과 직결된다. 그러므로 만일의 주차장 사고에 대비하여 주차장 보험을 들어야 한다. 보험 용어로서의 명칭은 주차장 배상책임보험이며, 영업배상 책임보험에 속하고 모텔 주차장에서 발생할 수 있는 사고 위험을 담보 보상해주는 보험이다. 즉, 모텔 직원이 주차장에서 주차업무 수행으로 생긴 사고 및 주차한 차가 파손·도난당했을 시 발생하는 손해를 보험으로 보상해주는 것이다. 또한, 피보험자가 소유, 사용, 관리하는 시설 및 그 용도에 따른 일련의 활동으로 기인하는 사고로 말미암아 제3자의 신체나 재물에 피해를 줬을 경우 피보험자가 부담하여야 할 법률상 배상 책임을 보

험회사가 보상하는 보험이다.

주차장 배상 책임이란 피보험자(공영주차장, 음식점, 모텔 등으로 영업을 하는 사업주와 관리자)가 소유, 사용, 관리하는 주차 시설과 그 시설의 용도에 따른 주차업무 수행 중 주차를 목적으로 수탁한 차량이나 타인에게 입힌 법률상 배상 책임이다.

상법 제152조(공중접객업자의 책임)

① 공중접객업자는 자기 또는 그 사용인이 고객으로부터 임치(任置)받은 물건의 보관에 관하여 주의를 게을리하지 아니하였음을 증명하지 아니하면 그 물건의 멸실 또는 훼손으로 인한 손해를 배상할 책임이 있다.

② 공중접객업자는 고객으로부터 임치받지 아니한 경우에도 그 시설 내에 휴대한 물건이 자기 또는 그 사용인의 과실로 인하여 멸실 또는 훼손되었을 때에는 그 손해를 배상할 책임이 있다.

③ 고객의 휴대물에 대하여 책임이 없음을 알린 경우에도 공중접객업자는 제1항과 제2항의 책임을 면하지 못한다.

참고로, 여관에 투숙하면서 여관부설 주차장에 차량을 주차시켰다가 밤사이 도난을 당한 경우 여관을 상대로 배상을 청구할 수 있는지 판례를 통하여 알아보기로 한다. 우선 위에 언급한 상법 제152조의 임치가 성립되는지를 살펴보아야 하며 판결사항을 인용하여 보면, 공중접객업자와 객 사이에 임치 관계가 성립하려면 그들 사이에 공중접객업자가 자기의 지배영역 내에 목적물 보관의 채무를 부담하기로 하는 명시적 또는 묵시적 합의가 있음을 필요로 한다고 할 것이고, 여관 부설주차장에 시정 장치가 된 출입문이 설치되어 있거나 출입을 통제하는 관리인이 배치되어 있는 등 여관 측에서 그 주차장에의 출입과 주차 시설을 통제하거나 확인할 수 있는 조치가 되어 있다면, 그러한 주차장에 여관투숙객이 주차한 차량에 관하여는 명시적인 위탁의 의사 표시가 없어도 여관업자와 투숙객 사이에 임치의 합의가 있는 것으로 볼 수 있다. 하지만 공중접객업자가 이용객들의 차량을 주차할 수 있는 주차장을 설치하면서 그 주차장에 차량출입을 통제할 시설이나 인원을 따로 두지 않았다면, 그 주차장은 단지 이용객의 편의를 위한 주차장소로 제공된 것에 불과하고, 공중접객업자와 이용객 사이에 통상 그 주차 차량에 대한 관리를 공중접객업자에게 맡긴다는 의사까지는 없다고 봄이 상당하므로, 공중접객업자에게 차량 시동 열쇠를 보관시키는 등의 명시적이거나 묵시적인 방법으로 주차 차량의 관리를 맡겼다는 등의 특수한 사정이 없는 한, 공중접객업자에게 선량한 관리자의 주의로써 주차 차량을 관리할 책임이 있다고 할 수 없다(대법원 1998.12.08. 98다37507 판결).

따라서 위 사안의 경우, 여관의 계산대에서 쉽게 주자 차량을 확인할 수 있는 시설 외에 주차장에 관리인이나 잠금장치가 있다거나 주차 사실을 알려주었거나 차량 열쇠를 맡겨 놓았다면 여관업자에게 손해배상을 청구할 수 있을 것이나, 관리인이나 잠금장치 없이 단지 주차시설만 해놓은 여관에서 주차 사실을 알리지 않고 숙박하였다면 상법상 임치의 합의가 있다고 보기는 어려워 손해배상을 청구할 수가 없다고 판시하였다.

모텔에서 일어날 수 있는 가장 흔한 사고를 살펴보자면, 모텔 직원의 주차 중 일어난 사고, 손님을 가장한 외부인의 절도에 의한 차량 도난 사고, 손님이 퇴실 시 운전 부주의로 인한 접촉 사고, 신원을 알 수 없는 제3자로 인한 사고 등이다(단, 차량의 부분품 또는 차량 내에 둔 물건의 도난이나 파손 및 이륜자동차의 도난 손해는 보상받을 수 없다). 보험사마다 차이가 있지만, 고객 차량 파손에 대한 금액을 먼저 모텔에서 지급하고, 차량 수리 시 영수증, 피해자 차량등록증 사본, 운전자면허증을 보험사에 제출하면 일주일 내에 자기 부담금을 제외한 나머지 금액이 보험가입자 통장으로 입금된다. 대부분 모텔은 화재보험에 가입되어 있는데, 여기에 옵션으로 주차장 보험을 넣을 수 있다.

13. 숙박업소의 소독

객실 수 20실 이상인 숙박업소는 로비, 객실, 복도, 욕실 등 해충이 발생하지 않도록 4월부터 9월까지는 1개월에 1회 이상, 10월부터 3월까지는 2개월에 1회 이상 소독을 해야 하며 반드시 허가된 업체에 의뢰하여 실시하여야 한다. 소독 실시 후 소독을 실시하였음을 증명하는 보관용

증명서를 발급하며 소독업체에서 관할 행정관청에 소독 완료 신고를 하지만, 행정관청에서 누락하는 경우나 소독회사가 영세한 경우 폐업 및 도산하는 경우도 있으므로 소독증명서(소독필증)는 반드시 보관하여 불이익이 발생되지 않도록 하여야 한다. 청소업만 등록한 업체는 증명서를 발부하지 못하므로 주의를 요한다. 위반하였을 경우 과태료는 아래와 같다.

감염병의 예방 및 관리에 관한 법률 시행령(별표3)

위반행위	과태료 금액	
	1회	2회
소독을 하지 않은 경우	50만 원	100만 원
소독업자가 소독을 하였을 때 소독에 관한 사항을 기록·보존하지 않거나 거짓으로 기록한 경우	15만 원	30만 원

감염병의 예방 및 관리에 관한 법률 시행규칙(별표7)

소독을 해야 하는 시설의 종류	소독횟수	
	4월~9월	10월~3월
공중위생관리법에 따른 숙박업소 (객실 수 20실 이상인 경우에만 해당한다), 관광진흥법에 따른 관광숙박업소	1회 이상/1개월	1회 이상/2개월

14. 숙박요금표

숙박요금표 예시 견본입니다(모텔, 여관, 여인숙).

숙박요금표

업소명:

소재지:

영업자 성명:

숙박요금	특 실	₩80,000원
	일반실	₩50,000원
	온 돌	₩60,000원

※ 유의사항

1. 객실 요금은 2인 1실 기준(1~2인 이하)이며, 인원이 초과 시에는 추가 요금이 가산됩니다.

2. 객실료는 선불입니다.

3. 숙박 시간은 낮 12시(정오)를 기준으로 합니다.

4. 만 19세 미만의 청소년(다만, 만 19세에 도달하는 해의 1월 1일을 맞이한 자는 제외한다)을 확인하기 위하여 주민등록증 등의 제시를 요구할 때, 누구든지 이를 거부하면 객실 출입을 금합니다.

5. 금전이나 기타 귀중품과 차량 내의 귀중품을 주인에게 보관하지 아니한 금전이나 기타 귀중품은 상법 153조에 의하여 주인이 책임을 지지 않습니다.

6. 객실의 장치와 비품을 손님이 임의로 변경할 수 없으며, 손님이나 손님의 방문객이 당 업소의 시설물이나 물품을 파손 또는 손해를 끼친 경우에는 당 업소에서 요구하는 금액을 변상하여야 합니다.

7. 객실은 숙박 이외의 목적으로 사용할 수 없으며, 다른 손님에게 피해를 주는 소란은 삼가 주시기 바랍니다.

8. 잠시 외출이나 취침 시에는 화재, 도난 등의 예방을 위하여 소등과 문단속을 철저히 하여야 합니다.

202X, 12, 25

업주 올림

15. 외국인 근로자 및 불법체류자, 표준근로계약서

최근의 모텔 메이드는 외국인이 상당수를 점유하고 있으므로 채용 시 취업이 가능한 비자를 소지하고 있는지를 확인해야 한다. '외국인 근로자'란 대한민국의 국적을 가지지 않은 자로서 대한민국에 소재하고 있는 사업 또는 사업장에서 임금을 목적으로 근로를 제공하고 있거나 제공하려는 자를 말한다. 불법체류 외국인 근로자에 관한 법규는 어떠한가? 「출입국관리법」 제18조의 고용제한규정은 취업자격이 없는 외국인의 고용이라는 사실적 행위 자체를 금지하고자 하는 것일 뿐, 취업자격 없는 외국인이 사실상 제공한 근로에 따른 권리나 이미 형성된 근로관계에 있어, 근로자의 성분에 따른 노동 관계법상의 제반 권리 등의 법률효과까지 금지하는 규정으로 보기는 어렵다. 그러므로 고용제한 규정을 위반하여 근로계약을 체결하였더라도 그 근로계약이 당연무효가 되는 것은 아니지만, 취업자격이 없는 근로관계는 언제든지 취업자격이 없음을 이유로 근로계약을 해지할 수 있다.

「외국인근로자의 고용 등에 관한 법률」은 비전문 취업(E9) 또는 방문취업(H2)의 체류자격을 가진 외국인 근로자를 고용하고 있거나 고용하려는 사업 또는 사업장에 한정해서 적용된다. 여기서 출입국관리법 시행령 별표1의2에 따른 모텔·여관·여인숙·호텔에 취업이 가능하려면 방문취업(H-2)비자이어야 한다.

방문취업(H-2) 비자는 ① 만 18세 이상의 중국 및 구소련 지역 등 거주

동포들에 대해 3년 유효, 1회 최장 4년 10개월 체류할 수 있는 복수사증을 발급하며, ② 방문취업(H-2) 사증으로 입국한 동포들은 출입국관리법 시행령에서 정한 단순 노무 분야 허용업종에서 취업활동이 가능하다.

참고로 비전문취업(E-9)은 「외국인 근로자의 고용 등에 관한 법률」에 따른 국내 취업요건을 갖춘 사람이며, 한국과 협약 맺은 16개 국가에 한하여(베트남, 태국, 인도네시아, 파키스탄, 캄보디아, 몽골, 방글라데시, 우즈베키스탄, 중국, 필리핀, 키르기스스탄, 동티모르, 네팔, 미얀마, 스리랑카, 라오스) 현지 노동부에서 선발된 외국인력들이 초청받았을 경우 발급 가능한 비자이다. 국내에는 고용허가제로 들어와 있는 이들의 외국인의 수가 가장 많으며, 주로 내국인들이 기피하는 3D 업무인 제조업, 건설업, 어업, 농업, 서비스업 등 5개 분야에서 종사하고 있다. E-9 비자는 여관업으로의 취업활동은 할 수 없다.

만약, 취업활동을 할 수 있는 체류자격을 받지 않은 외국인이 취업하거나, 취업활동을 할 수 있는 체류자격을 받지 않은 외국인을 고용하거나, 그 고용을 업으로 알선 또는 권유하면 3년 이하의 징역이나 금고 또는 3천만 원 이하의 벌금에 처해진다. 기타 출입국 업무에 더 궁금한 점이 있다면,

- 외국인 종합안내센터 : ☎ 국번 없이 1345
- 출입국외국인정책본부 및 외국인을 위한 전자정부 하이코리아(www. hikorea.go.kr) 홈페이지

에서 많은 정보를 확인할 수 있다.

참고로 외국인 근로자의 고용 시 근로계약서의 양식은 법제처의 국가법령정보에 접속하여 외국인 근로자의 고용 등에 관한 법률 시행규칙 별지 제6호서식을 다운받으면 된다.

별지 6호 서식은 다음 페이지와 같으며 국내 근로자도 근로계약서를 작성할 시 참조하면 된다.

표준근로계약서
Standard Labor Contract

(앞쪽)

아래 당사자는 다음과 같이 근로계약을 체결하고 이를 성실히 이행할 것을 약정한다.
The following parties to the contract agree to fully comply with the terms of the contract stated hereinafter.

사용자 Employer	업체명 Name of the enterprise		전화번호 Phone number	
	소재지 Location of the enterprise			
	성명 Name of the employer		사업자등록번호(주민등록번호) Identification number	
근로자 Employee	성명 Name of the employee		생년월일 Birthdate	
	본국주소 Address(Home Country)			

1. 근로계약기간	- 신규 또는 재입국자: (　　　) 개월 - 사업장변경자:　　　년　월　일 ~　　　년　월　일 * 수습기간: [ ]활용(입국일부터 [ ]1개월 [ ]2개월 [ ]3개월 [ ]개월) [ ]미활용 ※ 신규 또는 재입국자의 근로계약기간은 입국일부터 기산함(다만, 「외국인근로자의 고용 등에 관한 법률」 제18조의4제1항에 따라 재입국(성실재입국)한 경우는 입국하여 근로를 시작한 날부터 기산함)
1. Term of Labor contract	- Newcomer or Re-entering employee: (　　　) month(s) - Employee who changed workplace: from (　YY/MM/DD) to (　YY/MM/DD) * Probation period: [ ] Included (for [ ] 1 month [ ] 2 months [ ] 3 months from entry date - or specify other:　　　　　.), [ ] Not included ※ The employment term for newcomers and re-entering employees will begin on their date of arrival in Korea, while the employment of those who re-entered through the committed workers' system will commence on their first day of work as stipulated in Article 18-4 (1) of Act on Foreign Workers' Employment, etc.
2. 근로장소	※ 근로자를 이 계약서에서 정한 장소 외에서 근로하게 해서는 안 됨.
2. Place of employment	※ The undersigned employee is not allowed to work apart from the contract enterprise.
3. 업무내용	- 업종: - 사업내용: - 직무내용: ※ 외국인근로자가 사업장에서 수행할 구체적인 업무를 반드시 기재
3. Description of work	- Industry: - Business description: - Job description: ※ Detailed duties and responsibilities of the employee must be stated

4. 근로시간	시　분 ~ 시　분 - 1일 평균 시간외 근로시간:　　시간 (사업장 사정에 따라 변동 가능:　　시간 이내) - 교대제([ ]2조2교대, [ ]3조3교대, [ ]4조3교대, [ ]기타)	※ 가사사용인, 개인간병인의 경우에는 기재를 생략할 수 있음.
4. Working hours	from (　　　) to (　　　) - average daily over time:　　hours (changeable depending on the condition of a company): up to　　hour(s)) - shift system ([ ]2groups 2shifts, [ ]3groups 3shifts, [ ]4groups 3shifts, [ ]etc.)	※ Employers of workers in domestic help, nursing can omit the working hours.
5. 휴게시간	1일　　분	
5. Recess hours	(　　) minutes per day	
6. 휴일	[ ]일요일 [ ]공휴일([ ]유급 [ ]무급) [ ]매주 토요일 [ ]격주 토요일, [ ]기타(　　　)	
6. Holidays	[ ]Sunday [ ]Legal holiday([ ]Paid [ ]Unpaid) [ ]Every saturday [ ]Every other Saturday [ ]etc.(　　　)	

210mm × 297mm[백상지(80g/㎡) 또는 중질지(80g/㎡)]

7. 임금	1) 월 통상임금　　　　(　　　　　　)원 　- 기본급[(월, 시간, 일, 주)급]　(　　　　　　)원 　- 고정적 수당: (　　　　수당 :　　　　원), (　　　수당:　　　원) 　- 상여금 (　　　　원) 　* 수습기간 중 임금 (　　　　　)원, 수습시작일부터 3개월 이내 근무기간 (　　　　　)원 2) 연장, 야간, 휴일근로에 대해서는 통상임금의 50%를 가산하여 수당 지급(상시근 　로자 4인 이하 사업장에는 해당되지 않음)
7. Payment	1) Monthly Normal wages　　　(　　　　)won 　- Basic pay[(Monthly, hourly, daily, weekly) wage]　(　　　　　)won 　- Fixed benefits: (　　　　benefits :　　　)won, (　　　benefits :　　　)won 　- Bonus: (　　　　)won 　* Wage during probation (　　　) won, but for up to the first 3 months of probation period: 　　(　　) won 2) Overtime, night shift or holiday will be paid 50% more than the employee's re 　gular rate of pay.(This is not applicable to business with 4 or less employees).
8. 임금지급일	매월 (　　)일 또는 매주 (　　)요일. 다만, 임금 지급일이 공휴일인 경우에는 전날에 지급함.
8. Payment date	Every (　　)th day of the month or every (　　day) of the week. If the payment date falls on a holiday, the payment will be made on the day before the holiday.
9. 지급방법	[　]직접 지급,　　[　]통장 입금 ※ 사용자는 근로자 명의로 된 예금통장 및 도장을 관리해서는 안 됨.
9. Payment methods	[　]In person,　[　]By direct deposit transfer into the employee's account ※ The employer must not keep the bankbook and the seal of the employee.
10. 숙식제공	1) 숙박시설 제공 　- 숙박시설 제공 여부: [　]제공　　[　]미제공 　　제공 시, 숙박시설의 유형([　]주택, [　]고시원, [　]오피스텔, [　]숙박시설(여관, 호스텔, 펜션 등), 　　[　]컨테이너, [　]조립식 패널, [　]사업장 건물, 기타 주택형태 시설(　　　　　　) 　- 숙박시설 제공 시 근로자 부담금액: 매월　　　　원 2) 식사 제공 　- 식사 제공 여부: 제공([　]조식, [　]중식, [　]석식)　　[　]미제공 　- 식사 제공 시 근로자 부담금액: 매월　　　　원 ※ 근로자의 비용 부담 수준은 사용자와 근로자 간 협의(신규 또는 재입국자의 경우 입국 이후)에 따 　라 별도로 결정.
10. Accommo -dations and Meals	1) Provision of accommodations 　- Provision of accommodations: [　]Provided, [　]Not provided 　　(If provided, accommodation types: [　]Detached houses, [　]Goshiwans, [　]Studio -flat 　　s, [　]Lodging facilities(such as motels, hostels and pension hotels, etc.), [　]Containe 　　r boxes, [　]SIP panel constructions, [　]Rooms within the business building - or specify 　　other housing or boarding facilities　　　.) 　- Cost of accommodation paid by employee:　　　　won/month 2) Provision of meals 　- Provision of meals: [　]Provided([　]breakfast, [　]lunch, [　]dinner), [　] Not provided 　- Cost of meals paid by employee:　　　　won/month ※ The amount of costs paid by employee, will be determined by mutual consultation 　between the employer and employee (Newcomers and re-entering employees will consult 　with their employers after arrival in Korea).

11. 사용자와 근로자는 각자가 근로계약, 취업규칙, 단체협약을 지키고 성실하게 이행해야 한다.

11. Both employees and employers shall comply with collective agreements, rules of employment, and terms of labor contracts and be obliged to fulfill them in good faith.

12. 이 계약에서 정하지 않은 사항은 「근로기준법」에서 정하는 바에 따른다.
　※ 가사서비스업 및 개인간병인에 종사하는 외국인근로자의 경우 근로시간, 휴일·휴가, 그 밖에 모든 근로조건에 대
　해 사용자와 자유롭게 계약을 체결하는 것이 가능합니다.

12. Other matters not regulated in this contract will follow provisions of the Labor Standards Act.
　※ The terms and conditions of the labor contract for employees in domestic help and nursing can be freely
　decided through the agreement between an employer and an employee.

　　　　　　　　　　　　　　　　　　　　　　　년　　　월　　　일
　　　　　　　　　　　　　　　　　　　－－－－－－－－－－　(YY/MM/DD)

　　　　　　　　사용자:　　　　　　　　(서명 또는 인)
　　　　　　　　Employer:　　　　　　　(signature)
　　　　　　　　근로자:　　　　　　　　(서명 또는 인)
　　　　　　　　Employee:　　　　　　　(signature)

제3장

실제 사례에 의한 모텔 이야기

1. 경험이 필요 없는 모텔 운영

수많은 자영업 중 기술이나 전문 지식을 조금씩은 갖추어야만 하는 것이 대부분이다. 모텔은 어떤 노하우가 있어야 하는가? 답은 "누구나 할 수 있다."이다. 자본금과 관심 및 열정만 있으면 다른 어떤 기술이나 지식은 전혀 필요치 않다. 노하우는 하다 보면 쌓이며 초보라도 전혀 운영하는데 문제없다. 필자도 처음 모텔 임대를 시작할 때 아무런 지식도 없이 무작정 뛰어들었던 기억이 생생하며 첫 임차모텔의 소유주와 함께 식사 중에 그분이 한 말은 아직도 기억한다. 식당이 소형 횟집이었는데 주인분이 직접 주방 일도 보는 곳이었다. 모텔 소유주분 왈. "이 정도 횟집도 운영하려면 적지 않은 돈이 들어가며 주인분도 저렇게 고생하시는데, 가만히 앉아서 돈 받고 키만 주면 되는 일도 자신이 없고 망설여진다면 아무것도 하지 마시라."고 한 말이 지금도 잊혀지지 않는다. 그 당시 또 한 가지 확신했던 것은 모텔 임차 후 계약 기간 만료 시 보증금은 돌려받으므로 여타 자영업과는 달리 시설금, 권리금도 필요치 않아 절대 손해 볼 일은 없다는 점이었다. 수년 전부터는 모텔도 임차 시 권리금이 붙어있는 곳이 많지만, 다른 업종과 비교하면 금액이 큰 것은 아니다. 모텔을 하려면 임차를 하던지 매수를 하여야 하는데 운영 방법에 따라 달라진다. 임차 시는 통상적으로 청소 직원만 두고 카운터는 임차인이 직접 앉아있는 것과 카운터 직원도 채용하여 관리만 하며 운영하는 경우도 있다. 후자는 매출액이 상당하고 보증금이 매우 큰 임차일 것이다. 매수하여 건물 소유주가 되면 임차인의 경우와 동일한 방법으로 운영하던지 임대를 놓은 옵션도 생길 것이다. 물론 수익률은 임차, 소유 모두 본인이 직접 운영하는 것이 제일 낫다. 소문난 맛집의 "안 가본 사람은 있어도 한 번만 가본 사람은 없다."는 말처럼 모텔도 안 해본 사람은 있어도 한 번만 해본 사람은 거의 없다. 즉, 한번 발을 들이면 다른 업종으로 이전 않고 계속하게끔 되는 매력이 있다. 다른 대안이 없는 경우도 있겠지만, 그만큼 운영하기가 쉽고 수익이 좋다는 뜻일 것이다. 물론, 수만 개 업소 중 장사 안되는 곳도 많지만, 시설이 월등히 뒤지거나 사람의 왕래가 없는 곳에 있는 모텔 등은 별론으로 한다. 돈이 돈을 번다는 말이 있다. 모텔도 시설 및 위치가 좋고 객실 많고 가격이 높으면 순수익도 그만큼 잘 나온다. 임차 시에도 조건이 좋은 곳에 보증금과 월세가 비싸면 순수익을 높이 잡아야 하는 것이다. 반대의 경우라도 투자금액 대비 다른 자영업보다는 안전하며 본인이 할 나름이다.

그러면, 큰 틀에서의 누구나 할 수 있는 것이란 무엇인가?

1) 요금 결제 후 키 주기, 손님 응대
2) 청소 혹은 카운터 직원 채용 및 관리
3) 비품 매입
4) 객실의 간단한 하자 수선 및 교체
5) 위생교육, 소방교육, 승강기 안전교육받기.

위 5종류 정도가 거의 끝이며 반복되는 단순 업무이다. 모두 직원에게 일임할 수도 있으며 임차인 혹은 소유주가 직접 할 수도 있는 일인 것이다.

2. 임차와 소유

소유와 임차 중에 어느 것이 좋은가. 무조건 소유가 좋다. 구분 상가나 수익형 건물, 다가구주택 등과 같은 건물주가 되는 것과 같이 소유 시 건물주가 되는 것이다. 임차는 임대차계약서로 기간을 정하여 운영하므로 투자 자금이 적고 소득세, 재산세 등의 납부가 없으며 소유는 자기 건물로 애착을 가지고 안정적으로 운영할 수 있고 임차보다 많은 수익을 올릴 수 있는 장점이 있다. 과거에는 임차를 하여 돈을 많이 번 경우도 많지만, 최근에는 좋은 곳에 임차를 구할 확률이 현저하게 떨어지며 소유를 하게 되면 설사 매출이 좀 떨어져도 여타 자영업과 비교하여 투자금액 대비 순수익은 낮다고 할 것이다. 이것은 현재 운영하는 거의 모든 소유주의 공통적인 생각이기도 하다.

자금력에 여유가 있고 모텔 매수를 생각하다가 임차로 전환하여 운영해 보신 분의 실제 사례를 들어보도록 하겠다.

본인이 오랫동안 운영을 해본 후 추후 자녀분에게 증여나 상속을 생각하신 분이었다. 본인 운영 시 직원을 쓰며 휴양도 하고 책도 읽으시며 노후도 즐길 목적으로 관광지 쪽을 원하셨고 1년 이상 여러 사람에게 자문도 받고 본인 나름대로 철저히 검토 및 모텔 공부도 하신 모 기업에 임원까지 지내신 계산에 매우 밝으시고 토지값에 민감하신 분이었다. 필자도 2번을 만나셨으며 수많은 정보를 드렸지만, 매매 가격 10억 미만에 매출액이 3천만 원 이상 나온다는 서울 쪽 모 부동산업자의 과장된 광고에 전라남도 끝자락까지 답사를 다니시기도 하였다. 10억

미만에 매출 3천 이상 나오는 모텔은 전국 어느 곳도 없다. 매물을 소개하여 드리면 방문하여 확인하고 이것저것 문의하시며 계산기를 두드리실 정도로 꼼꼼하신 분이셨는데 결말은 좀 어처구니가 없기도 하였다. 요새 같이 경기 상황이 안 좋을 때는 관광지 쪽 및 지방의 나홀로 모텔은 피하시고 운영 시 노하우는 별 상관없으니 자금이 되시므로 매수를 권하였고 모텔은 처음 운영한 곳이 무난하면 평생 하게 되고 첫 단추를 잘못 끼우면 다시는 하고 싶지 않게 된다고도 말씀드렸었다. 모두 이해를 하신 듯하였으나, 어느 날 갑자기 경험을 좀 쌓은 후 매수를 하는 것이 나을 듯하여 보증금 1억 미만에 월세 250만짜리 임차를 계약하였노라고 문자를 주셨다. 관광지의 비교적 경쟁모텔이 없는 곳이었다. 그리고 운영 후 1달 후 정도부터 후회를 하셨다. 손님은 거의 없고 직원은 청소와 카운터 각 1명씩 2명을 써야 하며 본인도 카운터를 보아야하고 매출은 예상보다 안 나오며, 운영하는 것은 인수 후 1~2주 지나니 거의 다 알겠노라고 말씀하시었다. 그리고 오겠다는 임차인이 있으면 돈을 좀 얹어 주더라고 나가고 싶다고까지 말씀을 하시며 다른 곳에 매수하지 않은 것을 후회하고 계시었다. 지역이 임차로써는 워낙 비호감 지역이라 새 임차인도 못 구하고 1년 넘게 스트레스 받으시며 운영을 하시다가 매매가 되는 바람에 계약 해지를 하시고 모텔의 '모' 자도 듣기 싫으실 정도로 비호감으로 생각이 바뀌시었다. 상담을 받아 본 분들 중 가장 안타까운 분이셨다. 경제적 여유가 있으시고 엘리트인 나이 드신 분인데 매수를 하시어 직원들 관리만 하시며 돈을 버실 수 있음에도 불구하고 가족과 떨어져 1년 이상 수익도 전혀 없이 외지에서 보내신 결과가 되고 만 것이었다.

위 사례와 같이 임차는 잘 들어가야 하며 매수는 자금력에 맞게 입지가 괜찮은 곳 선택하면 무조건 좋다. 임차는 계약 기간이 있으므로 보증금 받아 나올 수가 있으며, 소유는 추후 매도 시 팔리지 않을까 걱정하시는 분도 상당히 많은데 시세 차익의 욕심만 버리면 큰 문제는 되지 않는다. 그러면 임대, 매도물건은 어느 경우에 나오는 것인가 알아보기로 한다.

* 모텔 매도
1) 직영을 오래 하였으며 돈을 많이 벌어 좀 더 규모가 큰 곳으로 옮기려는 경우
2) 수익은 좋으나 피치 못 할 사정이 있는 경우
3) 리모델링을 하여 매출액 최고점 후 파는 경우
4) 연세가 드시어 그만하고자 하는 경우
5) 예전과 같은 수익이 안 되어 접는 경우

* 모텔 임대
1) 기간 만료 후 그만두거나 다른 곳으로 옮기는 경우
   (매출 자료 근거 확실해야 함.)
2) 적성에 안 맞거나 병환 내지, 지역이 안 맞는 경우
3) 임차 후 실수를 인지하고 바로 내어놓는 경우
4) 장사가 안되어 그동안의 손실을 권리금 명목으로 충당하려는 경우

5) 임차인과 분쟁이 있거나 임대 기간 만료 후 소유주가 할 수 없이 운영하고 있는 경우

두 가지 경우 모두 1) 2)은 거래에 적정하다고 할 것이다.

임차는 과거의 매출액, 시설 상태 등을 면밀히 검토하여 선택하여야 하지만, 매수는 소유건물이 되는 것이므로 시설 보완 및 운영의 능력에 따라 전 소유주와는 다른 월등한 매출이 나오기도 한다.

3. 좋은 모텔 선별하는 방법

모텔의 매매나 임대는 수익성이 좋은 곳은 지인들에게 넘기거나 해당 모텔에 관하여 잘 알고 있는 그 지역 사람들에 의하여 거래되는 경우도 많으며, 그 외 모텔 전문중개업소의 중개를 통하여 이루어진다.

수익성이 좋은 모텔을 찾는 것은 매매나 임대 모두 쉽지가 않다. 해당 모텔의 전반적인 사항은 그 당시 실제로 운영하고 있는 소유주나 혹은 임차인 이외에는 정확히 그 누구도 알 수가 없으며 그들을 통하여 정확한 정보를 얻어내고 싶지만 불가능한 경우가 많다. 하물며, 중개업소를 통하여 양질의 모텔을 발견하는 것은 더욱이 어렵다.

가장 근접한 방법은 권리분석을 철저히 하여 중개를 하여주는 양심적이고 전문성을 가진 중개업자가 객관적인 1차 검증을 마친 매물을 소개받아 본인이 다시 확인하여보는 것이 좋다.

가. 모텔운영이 잘되는 지역인지 파악한다

가장 중요한 것이 이 부분이며 과거에는 불야성을 이루던 지역이 침체되어 있는 경우도 있고 큰 도시는 아니지만 경기의 영향 없이 꾸준한 지역도 있다. 어느 정도 되는 지역은 그 안에서의 상중하 등급은 있을지언정 운영하는 데에는 별 무리가 없다. 상중하란 의미는 투자금액에 비례한다고 보면 된다. 일단 큰 틀에서 본다면 되는 지역 안에서 옥석을 가려내야 한다.

나. 매출액을 가능한 한 정확히 알아야 한다

실제 매출액을 근접하게 알 수 있어야 확신을 가지고 계약을 할 수가 있다. 임대의 경우는 임차인으로부터 정보를 제공받을 시 매출액에 거품이 상당히 있을 수가 있으며, 건물주가 직영을 하고 있다 하여도 건물 및 시설이 노후화되고 경기가 안 좋아 예전과 같은 수익이 발생 안되니 월세나 받자고 임대를 놓거나, 전 임차인이 기간을 다 채우고 만기가 되어 나간 후 새로운 임차인을 구하지 못하는 수도 있으며 매매의 경우도 매출액을 꼼꼼히 살펴보아야 한다. 아래 사항 중 가능한 한 많은 부분을 숙지하여 확신을 갖도록 하는 것이 좋다.

1) 숙박과 휴게의 일일평균 손님 수를 요금에 맞추어 환산하여 본다. 숙박과 휴게 요금은 지역의 타 모텔과 비교하여 상위권으로 책정되어 있으면 좋다.
2) 공과금 납부한 것을 확인한다. 전기료, 상하수도세를 보아야 하며

전기료보다 상하수도세가 비교적 매출액 가늠이 정확하다.

3) 부가가치세의 납부금액을 확인한다.

4) 과거와는 달리 카드 결제가 많으므로 카드매출액을 확인하여본다.

5) 장기방(장기투숙객)이 있으면 한 달 평균 몇 개의 객실을 할당하는
지 알아본다.

6) 비품지출 비용을 알아본다. 주 고객층에 따라 소비되는 비품의 양이
차이가 있다. 그러므로 기준잣대가 되지는 않는다.

7) 사계절을 나누어 지출되는 대략의 월별 지출되는 경비를 알아본다.

8) 청소인원 및 급여를 알아본다.

9) 주차장의 차량 상황을 체크한다. 장기방 손님 차량이 과다하면 아니
된다.

10) 주변의 음식점이나 유흥업소 등에도 문의를 하여 본다.

11) 투숙객으로 가장하여 며칠 숙박을 하며 숙박 및 휴게 손님을 파악
하여 본다.

12) 세탁비용을 알아본다. 답사를 가보면 자체세탁을 하는 경우가 있
다. 대부분의 업주 왈, 손님들이 세제를 싫어해서 혹은 자체세탁이
더욱 깨끗해서, 잃어버리는 것이 많아서 등등 말들을 하곤 한다. 거
의 다 매출이 안 나와서 세탁비 절감을 위한 경우이니 유의하여야
한다.

위의 사항을 모두 확인하여 볼 수는 없지만 현재 운영 중인 소유자 혹
은 임차인으로부터 알 수 있는 것은 반드시 문의하여 보아야 한다. 매물

답사 시 성실히 답변하여 주지 않는다면 그 매물은 고려해 볼 필요가 없다. 거래 대상이 아닌 사람이거나 수익성이 없는 매물일 확률이 높다.

다. 내외부 시설의 이상 유무를 확인한다

시설이 노후화되었을 때에는 유지 및 교체에 적지 않은 비용이 발생한다. 시설의 차이에 따라 투숙객의 급에 차이가 나는 것은 사실이지만 제한된 투자금액에 시설의 고급화를 바랄 수는 없다. 하지만 모텔운영 시 추가비용이 소요될 것인지는 미리 파악하여 훗날 착오가 없도록 하여야 한다.

1) 카운터의 객실관리시스템 프로그램을 주의 깊게 살펴본다.

인터넷 사이트상에서 미리 약간의 사전지식을 습득하면 된다. 프로그램이 잘 되어있는 경우 관리 및 통제가 매우 수월하며 미작동 시 A/S가 가능한지 현 운영자로부터 확인이 필요하다. 설치한 업체가 존재하지 않는 경우 고장이 난다면 A/S가 불가능할 수도 있다.

2) 침구 세트를 잘 살펴본다.

침구세트의 정결함과 안락함이 매출액 증가의 첫 번째 요소이므로 가장 신경 써야 할 부분 중 하나가 침구 세트이다. 노후화가 되었다면 이른 시일 내에 교체하는 것이 매출을 증가시킬 수가 있다.

• 침대: 단단하고 엇갈림은 없는지 고정나사 상태 등을 살펴본다.

- 매트리스: 모른척하고 한번 털썩 앉아본다. 쿠션이 있는 것은 좀 낡은 것이다.
- 시트: 빳빳하고 시트의 두께가 느껴지는지 본다. 흐늘흐늘하거나 얇으면 교체 시점이다.
- 베개: 쿠션 상태를 본다.
- 베갯잇: 이음새 부분과 주름진 상태를 본다. 헐거나 주름이 많으면 교체 시점이다.

시트와 베갯잇은 객실에 사용하는 것 외에 비축분도 보아야 한다. 보통 객실 수 사용분의 3배 정도 여분이 있어야 한다.

침대와 매트리스가 노후되었다면 교체비용이 적지 않으므로 임차인이라면 계약 여부를 고려하여야 한다.

3) 가전제품의 상태를 확인한다.

컴퓨터, 냉장고, TV, 에어컨, 컵 건조기, 헤어드라이기 등도 작동상태 및 제조연월일을 확인하여보면 좋다. 컴퓨터의 속도, 에어컨의 에어 상태, TV 유선방송의 선명도는 동작해 보아야 하며 제조연월일까지는 확인이 쉽지 않지만, 외관상태로 어느 정도 파악은 할 수가 있다. 특히, TV의 경우에는 전 객실이 같은 브랜드의 제품으로 되어 있는지 보아야 하며 작동이 편리한지의 여부도 검토하여야 한다.

4) CCTV 작동, 객실키 여유분을 확인한다.

화면을 통하여 CCTV 카메라의 위치 및 되돌림 상태도 확인하여 보아야 하며 키텍시스템으로 되어 있다면 Key의 여분도 체크 하여야 한다. CCTV의 경우는 되돌려 보는 경우가 많이 발생하며 키는 투숙객들에 의하여 분실이 잦다.

5) 난방 보일러의 A/S 업체 연락처 소지 여부는 필수이다.

난방은 문제가 발생하면 손실 발생이 크다. 겨울철에 갑자기 작동이 안 되는 경우에는 일시적으로 영업을 중단해야 하기 때문이다. 현 운영자에게 정상적으로 작동되는지를 확인하여야 하며 거래하는 A/S 업체의 연락처 소지 여부를 물어보아야 한다. 인지도 있는 유명업체 제품이라도 고장 즉시 수리가 힘들 수도 있으며 업체불명의 보일러이거나 고장 후 땜질식으로 주위에 영세업자에게 의뢰해왔다면 주변의 양호한 업체를 잘 선정하여 A/S를 받을 수 있도록 하는 것이 좋다.

라. 모텔의 영업유형이 나와 맞아야 한다

지역의 특성에 따라서 매출액의 주류를 이루는 고객층이 모텔마다 다르다. 숙박은 타 지역 위주의 고객, 지역고객, 장기방 고객으로 나누어지며, 휴게는 아베크족인 연인들이나 주변 유흥업소에서 오는 고객이 주를 이룬다. 대도시, 중소도시, 읍 단위, 휴양지, 바닷가 부근, 유흥업소 주변, 공단 근처 등 모텔의 위치에 따라서도 고객층이 달라지며 숙박 위주인 곳도 있고 휴게 위주인 곳, 혹은 둘 다 잘 되는 곳도 있다. 취객손님에 거부감이 있다면 유흥가 주변은 맞지 않으며 모텔 집창촌에 경쟁이 심한 곳은 웬만한 자신감이 없다면 피하여야 한다.

장기방 위주로 운영을 하려면 공단 근처나 대학교가 형성된 단지가 좋다. 보통의 일반적인 지역이라도 시설 및 운영자의 성향에 따라서 주 고객층이 나누어진 경우가 많으므로 이 또한 주의 깊게 관찰을 하여야 한다.

마. 현재의 운영자보다 매출을 올릴 수 있는 곳을 선택한다

50여 개 이상 모텔이 몰려있는 경쟁이 치열한 지역에 자신이 운영하면 현 운영자보다 더 잘할 수 있다? 몇 년간 안 되던 곳도 본인이 들어가서 능력을 발휘하면 매출액이 월등히 올라간다? 천만의 말씀이다. 필자도 모텔매물을 알아보던 초기시절, 중개업자로부터의 브리핑 시 이런 말을 숱하게 많이 들어본 적이 있다. "침구가 낡았으니 전부 새것으로 교체하면 매출액이 급등합니다. 컴퓨터 시설이 안 되어 있으니 두 개 층만이라도 설치를 하면 휴게가 늘어납니다. 간판이 잘 안 보이니 잘 보이는 방향으로 네온사인을 추가하여 설치를 하십시오. 등등."

물론 틀린 말은 아니지만 듣다 보면 "당신이 계약을하고 운영을 하신다면 그리하시겠습니까?" 하고 되물어 보고 싶은 충동을 느끼곤 하였었다. 확실한 매출 보장이 된다고 확신이 들면 시도를 할 수도 있다. 그러나 다른 자영업도 마찬가지이지만 임차인은 자금이 넉넉지 않은 상황에서 보증금 이외 회수 받지도 못할 추가적인 투자금에 관하여는 귀에 들어오지가 않는다. 운영자가 바뀌면 최소 1~3개월 정도까지는 전 운영자의 매출액이 유지되도록 하여야 한다. 그 이후부터 새로운 운영자의 노하우에 따라 매출액이 오를 수도 있고 감소할 수도 있다. 답사를

가 보면 여러 가지 정황상 내가 여기서 운영을 한다면 현재의 운영자보다 매출액을 올릴 수 있겠다는 소위 '감'이라는 것이 오는 곳이 있다. 막대한 시설투자 없이 현 매출액에서 10~20% 정도 올릴 수 있는 그런 곳을 말하는 것이다. 매도 시에는 임차인보다는 자금의 여유가 있을 것이므로 오픈 후 매출 상승을 위하여 시설투자를 염두에 두는 것이 좋다.

바. 무인텔

무인 모텔은 직원의 안내 없이 폐쇄회로화면(CCTV)을 통해 투숙객을 받는 형태의 숙박업소다. 1층 로비에 돈을 지불하는 자동시스템을 구비하여 놓고 손님이 직접 키를 빼어 들어가는 것과 건물 1층 주차장에 주차하면 문이 닫히는 드라이브인(Drive in) 구조로 주차장에서 바로 객실로 들어갈 수 있는 방식이 있는데 후자의 경우가 사생활이 보장되고 시설이 좋아 젊은 계층에 인기가 좋으며 위치가 좋은 곳은 매출액이 상상을 초월한다.

드라이브인 모텔은 부지가 크며 시설도 여타 모텔보다 고급이므로 임차 시에는 보증금이, 매매 시에는 매가가 상당히 고액이다. 건축 시의 투자비용이 크므로 당연히 높게 형성이 되어있으며 답사 시에는 1층의 자동차 출입문이 닫혀있다고 투숙객이 있는 것으로 생각하면 오산이다. 드라이브인 모텔은 1~2개만 출입문을 개방하여놓고 투숙객의 유무에 상관없이 닫아놓는 것이 일반적이다. 보증금과 매매가격이 높으므로 일반모텔보다 더 철저한 권리분석이 요구된다.

사. 토지값에 예민하지 말라

건물 외 땅값, 공시지가에 연연할 필요가 전혀 없다. 물론 수도권의 입지 좋은 곳 등 평당 수천만 원씩이면 토지의 가치가 있겠지만, 지방인 경우 상업지역이라도 공시지가가 생각보다 많지가 않다. 지방이 순수익은 좋지만, 매매금액이 적은 가장 큰 이유이기도 하다. 수익형 부동산은 수익률이며 대지가 아무리 넓더라도 매출액이 안 나오면 아무 필요도 없는 것이 모텔이다. 특히 수도권 외곽에 이런 모텔들이 많다. 토지값을 구실로 매매가격만 높다. 주차장에 주차대수 30대 보유한 장사 안 되는 모텔보다 주차장 없어도 손님 만실 되는 곳이 백배 낫다.

4. 매매 가격별 순이익

지역별로 50억 이하 검증된 모텔의 매출액 및 순수익을 추려보았다.

내용＼모텔	포천 P 모텔	세종 H 모텔	부천 C 모텔	인천 K 모텔	아산 S 모텔
매매가	46억	35억	27억	20억	20억
융 자	26억	8억	15억	11억	10억
객실 수	40	27	28	30	31
매출액	6,500	4,000	3,400	3,000	2,800
경 비	3,000	1,500	1,800	1,500	1,500
순이익	3,500	2,500	1,600	1,500	1,300
내용＼모텔	영광 H 모텔	부안 B 모텔	정읍 W 모텔	김천 T 모텔	논산 G 모텔
매매가	36억	20억	17억	13억	10억

융 자	20억	9억	7억	7억	5억
객실 수	55	38	36	26	25
매출액	6,000	3,300	3,200	2,300	2,200
경 비	2,000	1,300	1,400	800	700
순이익	4,000	2,000	1,800	1,500	1,500

* 경비는 대출이자 포함

위 도표에서 언급 하고 싶은 요점은 30~40억대 두 곳은 지방임에도 불구하고 매매가에 비교하여 매출액이 좀 적다. 주차를 많이 할 수 있는 대지가 넓은 곳이라 매매가격이 비싸며 상단의 나머지 3곳과 하단 5곳은 수도권과 비수도권이라 할 수 있다. 비수도권이 장사가 잘 되는 곳이 많으며 매매가격은 싸고 순수익은 높다. 이같은 이유는 토지값이 싸고 숙박요금이 수도권에 비하여 무너지지 않았기 때문이다.

매매나 임대를 구하려다 보면 지역과 위치에 따라 금액·시설 등이 천차만별이다. 임차 시에는 보증금과 월세 대비하여 적정한 수익이 날 수 있는 곳, 매수 시에는 매매가격과 융자금액, 실투자액, 순수익 등을 고려하여 최선의 선택을 하여야 한다. 여타 자영업과는 달리 숙박업은 크게 신경 쓸 일이 별로 없으며, 매출액만 무난하면 투자금액의 손실이 발생할 확률이 거의 없다고 할 것이다. 단지 과거와는 달리 숙박업의 대중화 및 경기의 침체로 예전의 수익률을 생각하지 말고 시세차익이 아닌 수익형부동산으로써 직접 운영을 하거나 임대사업으로 안정된 수입을 목적으로 한다면 숙박업이 상당히 매력적인 투자처인 것이다.

매매 시에는 금융권의 융자금액이 매매가와 대비하여 몇 프로가 적정한 수준일까? 과거에는 매매가격에 대비하여 70~80% 정도 금융권으로부터 융자를 받을 수도 있었으나, 최근에는 융자비율이 많이 떨어져 있으며 통상 금융권은 매매가를 기준으로 50% 정도를 하여주고 있다. 또는, 감정가와 매매 가격 중 낮은 금액이나 그 중간 금액 정도를 설정하여 수익환원법을 적용하여 기준보다 많은 금액이 책정될 수도 있다. 아파트 등 주택만 보아왔던 분들은 모텔의 융자액을 보고 놀라시는 분들이 꽤 많이 있다. 융자받은 원금이 부담되는, 빨리 상환해야 묵었던 체중이 내려가는 아파트와 같은 경우는 융자가 없는 것이 좋다. 그러나 모텔과 같은 수익형 부동산은 융자 비율이 많을수록 건물의 가치는 상승하는 것이며 추후 매도 시에도 환금성이 좋고, 매수 시에는 현금투자액이 줄어드는 장점이 있다. 수익으로부터 융자금을 지출하는 것이기 때문에 이자 비용에 큰 부담이 되지 않으며 수일 분의 영업 매출액으로 가능하다. 그러나 예전과 같이 대출금액이 높고 현금투자액이 적은 그런 종류의 투자처는 발견하기가 쉽지 않다. 금융권에 대출 의뢰 시 대출이 적게 나온다면 매매가격에 거품이 있을 수도 있으며, 반대로 대출이 많게 나오는 경우는 장사가 잘 안되어 저렴하게 매도를 원하는 곳일 수도 있으니 유의하여야 한다.

5. 매출액과 지출경비 실제 사례 10선

모텔의 실제 매출액은 프런트의 담당자 외에는 파악이 어렵다. 필자의 경우에도 실제 모텔 내부에서 숙식을 하는 메이드가 이 모텔 매출액이 얼마 정도 나오지 않느냐고 본인이 단정을 지어 말을 하는 것을 들었는데, 실제 매출액과는 10~20% 정도 차이가 있었다. 숙식을 하며 청소를 담당하는 메이드도 하물며 이럴진대 외부에서 보는 사람들은 절대알 수가 없으며, 옆에서 운영하고 있는 동종업소라 할지라도 손님의 유무만 파악될 뿐 매출액 파악은 전혀 불가능하다. 이에 규모가 크지 않은 몇 군데 업소의 사례를 통하여 매출액과 지출경비, 기타 사항 등을알아보도록 한다.

1) 서울특별시 화곡동 X 호텔 (객실 수 30개)

모텔촌에 위치하여 있으며 주 고객은 젊은층이 많다. 객실은 좁으며주차는 9대 가능하고 3~4년 전 완전 리모델링을 하여 시설은 주변 경쟁 업소에 비하여 크게 뒤지지는 않는다. 카운터 당번 2인과 청소 직원 3인이 근무를 하였으며 2020년 6월 중순까지 임차인, 이후 5개월간 직영 운영하다가 11월에 36억으로 매도가 되었다. 필자가 직접 운영을 맡아서 관리 하였던 곳으로 9월분은 일일 상황까지 7, 8월분은 통계만 수록하였다.

2020년 7~9월 매출액 (8~9월, 코로나 2.5단계)

일월/구분	투숙형태		숙박앱	카드	현금	계좌	합계
	숙박	휴게					
9/1(화)	20	5	710,000	205,000	35,000	0	950,000
9/2(수)	25	15	920,000	295,000	225,000	0	1,440,000
9/3(목)	17	7	605,000	170,000	150,000	20,000	945,000
9/4(금)	18	13	805,000	385,000	280,000	20,000	1,470,000
9/5(토)	25	35	1,685,000	665,000	150,000	20,000	2,520,000
9/6(일)	14	37	1,495,000	205,000	125,000	0	1,825,000
9/7(월)	26	10	730,000	330,000	280,000	0	1,340,000
9/8(화)	19	9	600,000	170,000	230,000	0	1,000,000
9/9(수)	24	4	675,000	215,000	185,000	0	1,075,000
9/10(목)	24	7	660,000	460,000	105,000	0	1,225,000
9/11(금)	22	10	990,000	310,000	205,000	0	1,505,000
9/12(토)	21	37	1,916,000	630,000	180,000	0	2,705,000
9/13(일)	17	34	1,340,000	465,000	90,000	45,000	1,940,000
9/14(월)	14	7	525,000	210,000	95,000	0	830,000
9/15(화)	14	4	405,000	195,000	85,000	0	665,000
9/16(수)	14	9	335,000	295,000	205,000	0	835,000
9/17(목)	19	7	610,000	270,000	110,000	35,000	1,025,000
9/18(금)	13	9	605,000	310,000	180,000	10,000	1,005,000
9/19(토)	18	31	1,385,000	510,000	310,000	70,000	2,275,000

9/20(일)	14	28	1,115,000	375,000	30,000	0	1,520,000
9/21(월)	14	6	420,000	295,000	35,000	0	750,000
9/22(화)	17	3	450,000	290,000	70,000	0	810,000
9/23(수)	14	3	375,000	165,000	130,000	0	670,000
9/24(목)	22	3	475,000	330,000	170,000	0	975,000
9/25(금)	23	7	860,000	465,000	165,000	0	1,490,000
9/26(토)	13	29	1,175,000	570,000	150,000	0	1,895,000
9/27(일)	14	24	800,000	420,000	145,000	0	1,365,000
9/28(월)	14	8	305,000	425,000	105,000	0	835,000
9/29(화)	28	7	770,000	325,000	135,000	0	1,230,000
9/30(수)	24	9	780,000	235,000	145,000	45,000	1,185,000
9월 합계	532	438	24,400,000	10,190,000	4,445,000	265,000	39,300,000
%	55%	45%	62%	26%	11.3%	0.7%	100%
8월 합계	586	503	25,290,000	11,790,000	4,535,000	510,000	42,125,000
%	54%	46%	60.03%	27.99%	10.76%	1.22%	100%
7월 합계	579	494	24,203,000	10,567,000	4,793,000	1,015,000	40,578,000
%	54%	46%	59.65%	26.04%	11.81%	2.5%	100%
3개월평균	565	478	24,631,000	10,849,000	4,591,000	596,000	40,667,000
%	54%	46%	60.5%	26.7%	11.3%	1.5%	100%

1~13일은 코로나 사회적 거리두기 최고단계인 2.5단계였다. 이 기간 13일간의 매출액이 하반기 17일간 매출액보다 높았다. 노래방, PC방도 영업금지되고 음식점, 카페 등 사회적 거리두기로 영업제한이 있던 시기에도 불구하고 상기 모텔은 오히려 매출이 상승이 되었다. 마땅히 즐길 수 있는 곳이 없어지자 모텔로 유입된 것이다.

2) 인천광역시 Y 모텔 (객실 수 24개)

역시 모텔촌에 위치하고 있으며 젊은층 위주의 숙박앱이 많은 매출을 차지하지만, 출장객이 많아 중장년층 및 건설계통 일 하시는 분들도 많은 곳이다. 객실은 좁고 건물 내 주차는 11대 정도 만 가능하지만, 손님들의 발레파킹에 별 부담감이 없어 임차인이 청소 직원 2인만 데리고 운영하고 있다. 21년 3월 이전의 8개월분을 숙박앱과 카드사로부터 매출액을 입수하여 정리한 것이다. 현금 비중도 꽤 되며 추정으로는 최소 500만 원에서 1천만 원 내외가 나오는 곳이다. 4천 이상의 매출을 기록한 달 수도 꽤 되며 현금 포함 평균 3,800만 원 정도의 월 매출이 나오는 곳이다.

숙박앱과 카드만의 매출			
년 월일	숙박앱	카드	합계
2020년 7월	18,871,500	10,495,000	29,366,500
2020년 8월	19,792,000	12,685,000	32,477,000
2020년 9월	17,034,000	10,719,000	27,753,000

2020년 10월	16,801,000	13,285,000	30,086,000
2020년 11월	15,999,600	11,439,000	27,438,600
2020년 12월	20,121,000	11,590,000	31,711,000
2021년 1월	11,065,500	22,410,000	33,475,500
2021년 2월	14,819,500	13,259,000	28,078,500
평균	1,681만 원	1,323만 원	3,004만 원

1) 2) 번 모텔 매출액 및 경비지출 금액 비교

상기 수도권 두 모텔의 총매출액에서 지출경비를 제외한 대략 적인 순수익을 보면

상호		서울 화곡 X모텔, 객실30	인천 Y모텔, 객실24
매매가		36억에 매도	20억대 중반
대지		94평 (주차 9대)	110평 (주차 13대)
매출		4,000만 원	매출 3,800만 원
경비	인건비	1,150만 원(5인)	인건비 650만 원 (3인)
	광고비	514만 원 (광고비+매출 차감)	345만 원 (광고비+매출 차감)
	기타경비	800만 원	650만 원
대출이자(4%로 계산)		600만 원(18억)	500만 원(15억)
예상 총경비		3,050	2,150
월 예상 순수익		900~1,000	1,600~1,700
비 고			

객실 요금	35,000~180,000	40,000~70,000
운영 형태	24시간 풀 가동 새벽에 숙박 손님 다수	24시간 풀 가동 새벽 손님 거의 없음
기타	까치산역 근방 시설 5~8위 권 시설 무난 객실 좁은편	시설 무난 객실 좁은편

매매가격이 10억 이상 차이가 나지만 순수익은 20억대 중반 모텔이 더 좋음을 알 수 있다.

3) 전라남도 XX군 I 모텔 (객실 수 53개)

위에 언급한 1)의 서울 화곡동 모텔과 매매가격이 비슷한 지방의 모텔 예를 들어본다.

지역을 언급하면 쉽게 알 수 있는 곳이라 생략하기로 한다.

거의 숙박 손님이 주를 이루며 휴게 손님은 많지 않고 투숙한 손님들 대부분이 아침 일찍 퇴실하므로 청소하기도 매우 편하다. 휴게 손님이 없는 관계로 운영자는 오후 5시 정도까지는 거의 자유시간이고, 밤 10~12시 정도 이후에는 손님들이 거의 끊어져 편하게 운영을 한다. 지방이라 발레파킹도 필요치 않아 당번도 필요 없으며 매매가격은 위 1)번 모텔과 비슷하나 순수익은 거의 4배 정도 차이가 나는 것을 볼 수 있다.

객실 수는 53개이며 대지도 넓고 매일 숙박이 기본적으로 40실 이상이 나온다.

코로나 19로 인하여 전국업소의 매출액이 감소하였음에도 불구하고 거의 영향을 안 받은 업소 중의 하나이다.

매출액	5,500만 원 이상	3~11월: 6천만 원 내외 12월~2월: 4~5천만 원 이상
월경비	1,800만 원 내외	청소 직원 2~4인 500만 원(고정1+알바3) 전기료 평균 300만 원(여름300, 겨울550, 봄/가을 200) 세탁비 150만 원(수건, 배갯잇은 자체 세탁) 상하수도 13만 원(지하수) 비품 150만 원 KT 56만 원 엘리베이터 10만 원 소방 12만 원 객실시스템 8만 원 전기 점검 10만 원 소독 5만 원 대출이자 580만 원(20억 3.5%로 가정)
숙박료	객실 종류 다수	4/5/10만 원(단체손님은 5/6/11만 원)

소도시나 지방의 읍 지역은 갱쟁력이 심한 수도권과 같이 넷플릭스, 안마의자, 파티룸 등과 같은 젊은층 위주의 객실이 별로 필요치 않는다. 출장객 위주나 단체손님 혹은 인근 지역 손님들과 중장년층이 주요 손님이므로 청결과 약간의 기본 이상 시설만 갖추면 족하다. 이와 같은 지역은 최신 시설로 고급 숙박시설을 건축하면 숙박요금을 타 업소보다 1~3만 원 정도씩 높이 책정을 하는데 초기의 신장개업 혹은 리모델링 후의 소위 오픈빨이 지나면 손님의 발길이 줄어드는 경향이 있다.

4) 경상북도 김천 T 모텔 (객실 수 26개)

김천은 스포츠 도시이며 여러 종목의 각종 운동경기가 학교, 동호회, 프로팀 단위로 벌어지는 곳이다. 2020년도만 코로나 19 여파로 경기가 없어 매출액이 줄어들었지만, 운영하는 소유주는 10년 동안 모든 경비 및 생활비(500여만 원)를 다 충당하고 여웃돈으로 월 1천만 원씩 적금 붓고 있는 곳이다. 매매금액 13억대에 융자 7.7억이 있다.

매출액 2,300만 원 (1년 평균 월 매출액)	12~1월: 1,800~2,000만 원 3~11월: 2,300만 원 이상(3천 넘는 달도 있음)
지출경비 800만 원 내외 (1년 치 평균 금액)	전기요금 220만 원 상하수도 60만 원 비품, 음료 외 120만 원 KT(인터넷/전화/TV) 35만 원 엘리베이터 23만 원 전기안전관리 8만 원 세무사무소 14만 원 인건비(2인) 300만 원
월 순이익	1,500만 원

단체손님 위주로 받으며 7~10일씩 숙박을 하기 때문에 청소 인력이 그다지 필요치는 않고 공실은 단체 손님의 객실 배정에 미스가 생기면 발생된다. 예를 들면, 객실 26개 중 일반 손님을 위하여 3~4개는 비워 놓고 나머지 22객실 중 15개를 예약받았는데 또 다른 선수단이 12개를 요청하면 객실이 없어 못 받는 이런 식이다. 요령 있게 조절을 잘해야 만실을 채운다. 단체가 나가고 들어오며 연중 내내 반복되므로 손님 걱정을 전혀 안 해도 되는 곳이다. 초보자도 운영하기 정말 편한 곳임은 말할 나위도 없다.

5) 논산 G 모텔 (객실 수 25개)

논산 훈련소가 지근에 있는 관계로 군 관련 손님들이 많다. 논산에도 수많은 모텔이 있지만, 입지가 좋지 않은 곳은 훈련소에서 오는 손님들이 별로 없는 업소들이 많으며 이런 곳들은 장기방 위주로 운영하고 있다.

본 모텔은 대부분 훈련소와 연관된 손님들이 주고객이며 부부가 운영하고 있는데 모텔 운영을 10년 정도 하였다. 처음에 지인의 소개로 천안 소재 보증금 1억 이하인 곳부터 시작하였고 공주시의 모텔을 매수 후 4~5년간 운영하고 공주에서 또다시 임차로 1년 이상 한 후 논산의 입지 좋은 곳에 또다시 매수하여 수완 좋게 운영 중이며 그동안 돈을 많이 벌어 노후대책으로 토지 매입 등 부동산투자도 병행하고 있다.

월매출은 2,000만 원을 약간 웃돌고 있으며 코로나 19 이전에는 매출액이 더 나왔음은 물론이다.

지출 항목	금액	비고
상하수도	2,500	지하수 사용 (기본료만 냄)
일반전기	500,000	
온수, 난방	1,000,000	월평균 기름값
영화, TV, 인터넷, 전화	200,000	
비품	1,000,000	객실, 청소 등 모든 비품
E/L	60,000	
화재보험	20,000	1년에 1번 지출(15만 원)
청소 인건비(1인)	1,600,000	
대출이자	2,100,000	융자 5억에 이자 4% 가정

합계	6,482,500	
숙박요금	2인 4만 원부터~	

　매도가격은 10억대이며 지출 경비가 많이 나오지 않는 모텔로 두 부부가 근교 등산, 여행, 사우나 등 취미 생활도 가지며 여유롭게 운영하고 있는 곳이다. 이같이 지방으로 갈수록 매매가격은 낮고 순수익은 높음을 알 수가 있다. 5~6억 투자로 월 순수익 1,500만 원 내외가 발생되는 것이다.

6) 전라북도 정읍시 W 모텔 (객실 수36개)

　객실 수 36개면 적지 않은 수이며 위치가 매우 좋다. 현 소유주는 친구에게 매수하였으며 4~5년간 매출액이 거의 일정하다. 2021년도의 장기적인 코로나 19 여파에도 전혀 영향을 받지 않는 업소 중의 하나이다. 월 평균 매출은 3,200만 원 내외이며 시설은 좀 낙후된 듯하나 지역에서 입지도 좋고 입소문이 난 곳이라 매출이 전혀 떨어지지 않는 곳이다.

지출 항목	금액	비고
전기, 상하수도	3,000,000	전기, 수도세 최대로 잡음
세탁비	1,800,000	
비품	1,500,000	생수 무한 제공
TV, 인터넷, 전화	290,000	
소독	150,000	
E/L	50,000	
청소 인건비(2인)	3,000,000	점심 10만 원씩 별도

대출이자	2,300,000	융자 7억에 이자 4% 가정
합계	12,090,000	
숙박요금	2인 4만 원부터~	

이전 소유주들이 피치 못할 사정이 있어 오래 운영을 못 하고 2번의 매매가 되었으며 내장산 단풍철은 4천만 원대의 매출이 나온다. 주변의 신축 모텔도 있고 리모델링을 한 곳도 있지만, 이곳은 전혀 매출액의 감소를 가져오지 않았다. 왜냐하면, 지방 소도시의 모텔들은 은연중에 그 지역에서 순위가 정해져 있다. 출장 및 외부손님이 많고 입소문이 있어 웬만해서는 이 순위가 바뀌지 않는다. 이러한 이유로 신축모텔이라 할지라도 비싼 요금을 유지 하지 못하고 어느 정도 기간이 경과한 후에는 주변의 업소들 요금에 흡수되어 버리는 것이다.

7) 인천광역시 부평구 역세권 C모텔

보증금 2억, 월세 650, 경비 1,100~1,250(월세포함), 순수익 없음 (마이너스), 숙박 3-4만, 휴게 1.5만

이번에는 질 나쁜 소유주에게 속아서 4달 만에 2천여만 원 이상 손해 보고 우여곡절 끝에 빠져나온 임차인의 실례를 들어보겠다. 객실 수는 22개로 등기부등본상에 전세권과 근저당 설정이 되어있지 않아 서류상 과거에 임차인의 존재가 없었으며 소유주는 매수 후 5~6년간 줄곧 본인이 직접 운영을 하였고 임대는 처음 놓는 것이며 월세를 650만 원 지불하고 기타 지출 경비를 제외하여도 매달 순수익이 최소한

500만 원 이상은 나온다고 호언장담을 하였다. 그러나 계약 이후 운영한 지 얼마 되지 않아 2명의 임차인이 막대한 손해를 보고 나갔던 것을 알 수 있게 되었고, 실제 매출액도 소유주가 계약 전 언급하였던 금액과 현저한 차이가 있었다. 더욱이 황당하였던 것은 겨울철에 경비 절약을 위하여 난방도 하지 않고 전기장판과 히터만으로 손님을 받아왔음에도 불구하고, 그 경비가 통상의 경비인양 계약 전에 임차인을 속이고 소유주가 운영할 당시의 순이익을 월세로 책정하여 임대를 놓은 경우이다. 인수한 새로운 임차인이 한 두달 운영하여 본 결과 매출액이 계약 전 소유주가 한 말과 너무 차이가 나서 계약 해지를 요구하며 운영 후의 매출액을 거론하자, "본인이(소유주) 매출이 얼마라 얘기하더라도 당사자가(임차인) 내 말이 사실이 아닌 것같이 판단되면 임차를 안 하면 되고 내가 운영할 때는 매출액이 잘 나왔다."이란식으로 돌변하는 경우도 있다. 계약해지를 요청하면 위약금을 나름 산정하여 보증금에서 자기 맘대로 공제하겠다고 엄포도 놓는다. 이와 같은 방법으로 임차인들의 보증금을 담보삼아 막대한 손실을 입히는 소유주도도 있으니 주의하여야 한다. 이런 곳은 보증금 없이 임차를 하여도 임차인은 손실이 발생되는 경우이다. 임차인은 결국 계약 해지를 위하여 소유주가 요구한 위약금 500만 원도 지불하고 빠져나왔다.

11월 매출액 994만 원

일	월	화	수	목	금	토
					1 890,000	

2 190,000	3 120,000	4 135,000	5 110,000	6 100,000	7 170,000	8 880,000
9 195,000	10 70,000	11 85,000	12 140,000	13 280,000	14 465,000	15 825,000
16 290,000	17 190,000	18 235,000	19 195,000	20 290,000	21 475,000	22 955,000
23 125,000	24 150,000	25 115,000	26 325,000	27 345,000	28 285,000	29 930,000
30 380,000						

과거에 인천의 3대 역세권에 속하는 전철역 앞이었음에도 불구하고, 토요일을 제외하고는 손님이 없었다. 답사를 토요일 날 가는 경우 판단 착오를 일으키기 쉬운 곳이다.

좁은 주차장에 월 10만 원 정도의 주차료를 받고 외부인에게 주차를 시켜 답사 시 손님이 있는 것같이 보이기도 하였다. 이러한 점도 주의 를 요한다.

8) 경상북도 구미시 L 모텔

보증금 2억, 월세 550, 경비 1,200~1,400 (월세포함), 순수익 무난함, 숙박 4만, 휴게 2만

객실은 27개이며, 1층은 카운터, 2층 장기방 위주, 3층, 5층을 일반손 님 위주로 영업을 하였다. 시설이 비교적 무난하게 잘되어 있어 무리 없 이 운영을 하고 있으며, 주변이 원룸가라 비교적 한산하고 경쟁 업체가 없는 모텔이다. 출장객 손님과 알고 찾아오는 손님이 주류를 이루기 때

문에 서비스도 한층 강화한다면 단골손님의 유지 및 약간의 매출상승도 예상되며, 초보자도 운영을 하기에는 비교적 무난한 모텔로써 실제로 라면이나 양말 등을 무료로 공급하여 출장객을 위한 자그마한 배려를 하고 있었다. 주변에 회사나 공장이 많아 타 지역으로부터의 출장객이 많은 곳은 양질의 손님이 대부분이며, 익일 오전에 모두 퇴실하므로 관리에도 어려움이 없다.

3월 매출액 2,028만 원

일	월	화	수	목	금	토
						1 585,000
2 650,000	3 575,000	4 460,000	5 685,000	6 520,000	7 470,000	8 765,000
9 355,000	10 545,000	11 510,000	12 770,000	13 735,000	14 880,000	15 860,000
16 485,000	17 925,000	18 1,030,000	19 720,000	20 865,000	21 665,000	22 745,000
23 620,000	24 875,000	25 800,000	26 720,000	27 770,000	28 390,000	29 830,000
30 170,000	31 320,000					

9) 전라북도 익산시 B모텔

보증금 1억 2천, 월세 400, 순수익 없음, 숙박 2.5만~3만, 휴게 1.5만

객실은 34개이며, 임차인은 모텔을 전혀 운영하여 보지 못하였지만, 해당 모텔이 고향의 주변 지역으로 친근감이 있어 선택하였다. 외관상 번듯한 건물과 지하에 건물주가 직접 운영을 하는 유흥주점까지 있고,

손님도 올려보내 준다 하며 주차장은 답사 시 연일 만차이니 거주지와 근접한 이 모텔이야말로 운영하기에 제격이었다. 그러나 운영하러 들어간 후 보니, 객실도 답사 시 공개하였던 몇 곳만 하자가 없는 객실이었으며, 나머지 대부분의 객실은 휴게나 일반손님을 받을 수 없었고, 난방비도 계약 전 고지한 것보다 2배에 가전제품 불량은 다반사이고 시설하자는 곳곳에서 추가로 발생되었음은 물론, 주자장의 한쪽 입구도 건물주의 소유가 아니어서 수개월 후에 폐쇄되는 등 1년여간 극심한 스트레스를 받아가며 법원에 소송을 걸어 장기간 끌어오다가 계약해지가 되었다. 모텔에는 초보이지만 이미 다른 계통의 직종에서 영업능력을 인정받아 모텔에도 적용을 하며 의욕적으로 매출 올리기를 시도하였지만, 시설 및 지역적 특성으로 인하여 좋은 결과를 이루지 못하였다.

- 객실 중 30개 전후가 장기방, 일반손님용으로는 4~5개로 운영.
- 주차장의 차량은 대부분 장기방 손님 소유(답사 시 일반손님 차량으로 착각함).
- 일반 손님 일일 투숙: 3~5개 혹은 0개.
- 장기방 손님 퇴실이 잦아지자 매출액 급감소(장기 월 30~40만 원).

10) 전라북도 부안군 R 모텔

보증금 2억, 월세 450, 순수익 2년 전 무난함/ 2년 후 없음, 숙박 4만, 휴게 2만 객실은 16개이며, 이 모텔의 경우 2년 전 매출액도 함께 비교하여 보기로 한다. 불과 4~5년 전까지만 하여도 객실이 많지 않아 매일 만실이 되는 곳이었으나, 주변에 신축모텔도 생기고 경기 침체, 우후죽순 늘어난 원룸 및 건설된 아파트가 미분양이 되어 보증금 없이 싼 월세로 인구를 유입하는 등 주변 상황의 악화로 기존의 모텔들이 매출액 감소가 급격히 이루어진 지역이다. 불경기 여파 및 지역 내의 일감 감소로 기존의 장기방 위주로 영업을 하던 모텔들도 매출이 급감하였으며, 외부로부터의 출장 등 인구 유입과 지역 내의 고정손님들도 많이 감소되었다. 기본적인 인구가 되지 않은 소도시, 군지역은 외부의 자그마한 영향에도 매출이 급감소 할 수도 있으니 이러한 점도 감안하여야 한다.

2년 전 4월 매출액 1,736만 원

일	월	화	수	목	금	토
	1 540,000	2 440,000	3 470,000	4 620,000	5 420,000	6 875,000
7 625,000	8 620,000	9 390,000	10 625,000	11 625,000	12 615,000	13 790,000
14 400,000	15 535,000	16 515,000	17 590,000	18 480,000	19 600,000	20 890,000
21 500,000	22 375,000	23 600,000	24 400,000	25 640,000	26 685,000	27 830,000
28 400,000	29 640,000	30 630,000				

동모텔 2년 후 4월 매출액 1,011만 원

일	월	화	수	목	금	토

				1 165,000	2 510,000	3 340,000	4 530,000
5 225,000	6 235,000	7 290,000	8 410,000	9 380,000	10 280,000	11 605,000	
12 180,000	13 510,000	14 445,000	15 285,000	16 300,000	17 495,000	18 415,000	
19 125,000	20 475,000	21 285,000	22 175,000	23 230,000	24 515,000	25 560,000	
26 290,000	27 160,000	28 95,000	29 340,000	30 260,000			

2년 전 6월 매출액 16,895,000	2년 후 6월 매출액 7,150,000

6. 매출액 추정하는 방법

매출액과 수익액은 현재 운영자 이외에는 그 누구도 알 수가 없다. 숙박 및 휴게 인원을 파악하고 있는 매일 근무하는 직원도 정확히 파악을 하지 못한다. 추정만 할 뿐이다. 수십 년간 운영해온 유명 원조 음식점의 양념 만드는 법은 며느리도 모른다는 말이 딱이다.

계약 전에 매출액을 거의 근접하게 파악하여야만 새로운 운영자가 손실을 피할 수 있다. 매매나 임차 시 정확한 정보를 알려줄 수 있는 현재 운영 중인 모텔 소유주나 임차인을 만나 브리핑을 듣는 것도 커다란 행운이며 복이다. 거듭 반복하는 말이지만 매출액 파악의 중요성은 아무리 강조하여도 지나치지 않다.

보통 숙박업에 종사하여 보지 않은 분들에게서 많이 듣는 말이 "휴게가 2~3번씩 돌아야 잘 되는 거 아닌가요? 매일 숙박 객실이 전부 차야 하지 않나요?"이다. 이런 곳은 최적의 조건인 모텔에 해당하는 말이다. 필자도 하루에 단 한 개의 객실만 찬 적도 있다. 만약 이런 날 어느 누가 와서 보았다면 수익이 없는 곳으로 생각할 것이며, 반대로, 어떤 모텔이 손님이 없다가 단 하루 만실이었는데 그날 답사를 하게 되었다면 잘 되는 곳으로 잘못 판단할 수도 있다. 수익은 월평균 더 나아가 연평균으로 산출되어야 한다.

장사가 잘 되는 업소도 일시적으로 손님이 없는 때도 있다. 이런 경우 베테랑 운영자라 할지라도 주변 업소를 살피게 되고 불안해하지만 크게 걱정할 필요는 없다. 며칠 안 되는 기간이 지속되더라고 그 후에 손님이 몰려 그달의 평균 매출은 맞추어지며 어느 달이 급속히 안 좋다가도 그 이후에 초과매출을 달성하는 달이 생겨 연평균 매출이 달성되는 것이 숙박업의 특성이다. 아래 도표는 창업에 쉬운 객실 수가 적은 모텔로 임차인이 운영하면서 18개월간 기록하여 두었던 곳이다. 이것의 실례와 비교하여 가정적으로 매출액을 추정하여 보기로 한다.

실제 사례정리(보증금 2억, 월세 500만 원, 숙박 4만, 휴게 2만, 객실 수 16)

(금액 단위: 천)

월\항목	일 평균 숙박 갯수	숙박금액	일 평균 휴게 갯수	휴게 금액	월 합계	월 수익
3월	13.61	16,470	1.9	1,155	17,625	5,317
4월	11.96	14,680	2.9	1,645	16,325	6,561
5월	11.41	14,565	2.1	1,320	15,885	6,052
6월	10.10	12,398	1.9	1,070	13,468	4,767

7월	12.03	17,040	1.9	1,130	18,170	8,652
8월	11.95	17,045	1.7	1,005	18,050	9,114
9월	10.23	12,645	1.7	1,025	13,670	3,745
10월	12.82	16,400	2.0	1,255	17,655	8,679
11월	13.33	16,225	1.4	860	17,085	7,482
12월	11.77	14,595	2.1	1,285	15,880	5,561
1월	13.26	16,840	1.9	1,185	18,025	6,933
2월	13.36	15,600	2.6	1,470	17,070	5,545
연평균	12.15	15,375	2.0	1,200	16,575	6,534
3월	13.45	17,365	2.5	1,540	18,905	7,495
4월	13.03	16,240	1.8	1,125	17,365	7,353
5월	13.00	16,930	2.2	1,345	18,275	8,242
6월	13.16	15,825	1.8	1,070	16,895	7,119
7월	13.00	16,935	2.1	1,255	18,190	8,670
8월	10.71	14,795	2.1	1,325	16,120	6,881
이후 6개월 평균	12.73	16,348	2.1	1,276	17,625	7,626
18개월 평균	12.34	15,699	2.0	1,226	16,925	6,898

월수익은 매출액에서 통상의 경비만 공제한 금액이며, 하자보수비, 부가세, 기타 예상치 못한 경비 등은 감안하지 않았다.

위의 사례는 객실 대비하여 일일 숙박 평균 가동률 75~80%, 휴게(대실) 가동률은 12.5% 정도의 모텔이다. 첫 1년 이후 6개월분이 매출액 6%, 수익은 16% 정도 상승되었고 일 평균 숙박(장기방 제외) 12개면 매출액 1,650만 원, 13개이면 1,800만 원 정도임을 알 수가 있다. 상기의 근거로 보자면 객실 40개의 모텔은 일 평균 숙박 26개, 휴게 4개 정도이면 3,400만 원 정도의 매출액이 나오며 장기방 10개를 놓아 추가하면 3,900만 원 이상이라는 계산이 나온다. 또한, 휴게가 많아 꾸준히 일 평균 20개 정도 확보되면 숙박이 23개만 되어도 장기방 없이 4,000만 원 전후의 수익을 올릴 수가 있다. 그러나 추정치를 예상한 것보다 실제 금액은 더 나온다. 인원이 추가되거나 객실 요금을 올려받아 금액이 늘어나는 예가 많기 때문이다.

객실 수로 계산하였을 때 숙박 가동률이 일 평균 70%를 넘으면 평균치 이상의 수익을 올릴 수가 있다. 이 경우 공실이 되는 객실은 휴게나 장기방 등으로 보완할 수도 있다. 동일한 모텔이라도 운영자의 운영방식에 따라 매출액에 많은 차이가 날 수도 있으므로 운영의 묘를 잘 살려야 할 것이다. 보증금을 지불하고 임차를 하여 운영하는 모텔의 실례를 보도록 하겠다.

가. 보증금 1억, 월 차임 400만, 객실 20개, 숙박 3.5만, 휴게 1.5만

월 차임이 400만 원이라면 월세 곱하기 3을 하여 200만 원 정도 추가한 금액 정도의 매출액이 나오면 괜찮은 곳이라 할 수 있다. 이 경우 매출액 1,400만 원 정도 나오려면 일 평균 숙박 12개, 휴게 3개 정도면 가능하다 할 것이다.

나. 보증금 3억, 월 차임 1000만, 객실 35개, 숙박 3.5만, 휴게 1.5만

월매출 3,000만 원은 나와야 한다. 일 평균 숙박 25개 휴게 6개라면 가능하며, 숙박이 일 평균 15개 휴게 6개라면 장기방을 10개 정도는 유지해야 한다.

다. 보증금 5억, 월 차임 1400만, 객실 45개, 숙박 4만, 휴게 2만

월 차임이 1,400만 원의 경우 숙박, 휴게 중 어느 곳에 편중이 되면 매출액이 나오기 어렵다. 시설 및 평판이 좋아야 하며 매출액은 4,500만 원은 되어야 한다. 일 평균 숙박 30개 휴게 15개 정도는 되어야 하며 숙박이 25개 내외라면 장기방을 10개는 유지하여야 한다.

라. 보증금 1억, 월 차임 800만, 객실 30개, 숙박 4만, 휴게 2만

이런 곳은 3:3:3의 적용에 해당이 되지 않는다. 1억 투자에 800만 원 순이익은 어불성설이다. 보증금이 낮은 이유는 근저당이 과다하게 설정된 곳일 수도 있으며, 매출액이 꾸준하다면 투자 대비로 보았을 때 2,200만 원 내외만 유지되어도 운영이 가능한 곳이다.

매출액이 일단 올라가야 수익률도 따라서 올라간다. 해당 모텔의 월 매출액이 적정한 수준인지는 해당 업소에 따라 다음과 같이 세종류로 산출하여 보면 된다.

1) 월 차임 x 3 + 200만 혹은 300만원

　(월 차임 300만원 ~ 600만원대 적용 무난)

2) 객실 수 x 100만원

3) 예상 총지출경비 + 투자금 대비 2부 이상 수익(본인 인건비제외)

부연하자면 1) 3:3:3에 따른 것이다. 월 차임에 따라 변수는 있지만

200만 혹은 300만 원을 추가하는 이유는 부가가치세 및 여러 가지 돌발상황에 따라 비용이 발생하기 때문이며 2) 객실 수에 100만 원을 곱한 것 이상의 매출액이 나오면 비교적 안정적인 운영을 할 수가 있는 곳이다. 이 경우는 월 차임과 투자금의 적정 여부를 판단해야 할 것이고 3) 본인 인건비를 제외하고 투자금 대비 2부 이상의 수익은 최소한 나와야 한다.

이와 같이 상기 3가지를 모두 대입하여 매출액의 초과가 예상되면 임차인으로서는 운영에 무리가 없을 것이다.

매수 시에는 객실당 월 100만 원 이상의 수익이 발생하면 안정된 업소이며 이것은 평균적인 사항을 언급한 것이고 신축이나 리모델링한 곳, 입지가 양호한 곳, 객실 요금이 높은 곳 등은 객실당 월 150~200만 원으로 상승할 수도 있다. 모텔의 운영은 외지투숙객, 지역 내 단골손님, 휴게손님이 어느 한 곳에 편중되지 않아야 매출이 오르며 해당 업소의 특성상 여건이 안된다거나 객실 수가 많아 공실이 발생한다면 장기방도 활용을 해야 한다. 이 모든 것은 운영의 묘나 노하우에 달려있는 것이다.

결론적으로, 매출액을 추정하려면 소유주나 임차인 혹은 중개업자의 브리핑 및 카드나 앱 매출액 부가가치세 신고 등을 알고 난 후 일일 평균 숙박, 휴게 수 등이 비교적 정확하게 알 수 있어야 가능하다.

7. 창업 시 주의할 점

　모텔의 수익은 투자금액에 비례하며 투자금액이 많으면 순수익도 많은 것이 일반적이다. 지나다 보면 휘황찬란한 불빛에 손님이 대기할 정도로 호황인 규모가 큰 모텔도 있다. 이러한 곳은 막대한 자금을 소유하고 오랜 경험을 가지고 있는 유경험자나 넘볼 곳이며 임차 시에도 상당한 경비의 지출 및 월세를 지불해야 하므로 일반적인 창업으로써는 눈 돌릴만한 곳이 아니다.

　숙박업체도 수익형 부동산 및 생계형 수익을 위한 임차로 많이 대중화가 되었다. 이에 따라 예전과 달리 많은 수익을 보장하지는 않으며 본인의 능력에 따라 매출을 올릴 수 있는 것도 한계가 있다. 예를 들어 여타 다른 자영업을 보자면 상가의 경우는 임차 시 기존의 업종을 이어서 할 수도 있고 다른 업종으로 전환하여 할 수도 있으며 기존업종을 유지하는 경우 전 운영자보다 특화된 아이템이나 서비스를 제공하여 매출을 올릴 수 있다. 모텔은 신축이 아닌 경우 소유자나 임차인이 변경되어도 이미 해당 모텔의 네임벨류가 그 지역에서 수년간 고정되어 있는 것이므로 고비용의 시설투자를 하지 않는 이상 운영자의 친절함이나 서비스제공만으로는 매출액이 상승되지 않는다. 전 운영자의 매출유지가 일단 관건이며 매출상승을 위한 노력을 하였다 할지라도 별다른 경기의 영향을 받지 않는 한 수개월 후 약간의 매출상승이 이루어질 뿐이다. 건물주이면 자금의 여유도 있을 것이고 본인의 취향에 따라 시설투자를 할 수 있을 터이지만, 임차인의 입장에서는 자금도 없을뿐더러 특별한 경우를 제외하고는 시설투자는 곧 손실로 직결될 가능성이 많으므로 실행을 하기가 어렵다. 그러므로 모텔 선택 시 매출액에 대하여 세심한 검증을 할 필요가 있으며, 창업 시 낭패를 보아 비싼 수업료를 지불하여야 하는 오류를 방지하기 위하여 주의를 기울여야 하는 몇 가지 점에 관하여 간단히 열거하여 보기로 한다.

1) 임차 시 계약기간

계약 시 기간도 나름 잘 생각하여 볼 문제이다. 어느 정도 계약기간을 잡느냐는 본인이 결정할 나름이지만, 필자는 1년을 권하고 싶다. 통상적으로 2년이며 임대인의 동의 여주가 관건이지만 임차 1년 후 모든 것이 적합하면 재계약을 하면 된다. 모텔을 운영하여 보신 분들은 알겠지만, 손님이 많아 운영이 잘 되면 월급, 월세 지불할 날이 왜 그리 빨리 오는지 이것은 즐거운 비명이다. 하지만 그 반대의 경우 한 달이 일 년같이 느껴지는 수도 있다. 소위 오래 운영한 베테랑들도 이구동성 하는 말이다. 건물주가 직접 운영을 하면 불경기 일지라도 큰 손실이 발생되지 않지만, 임차인의 경우는 마음고생은 물론 경제적으로도 큰 타격을 입는다. 지금은 설사 수익률이 좋은 곳이란 확신이 들어도, 요즈음 같은 급변하는 경기상황에 장기간 지속되리라는 보장은 없는 것이다. 단기 계약 시 임차인들의 애로점 중 하나가 임차 만료 후 신모텔을 다시 임차하는 데 따른 기간이 길어서 일을 못하므로 손실이 발생되는 수가 비일비재하다. 하지만 양질의 모텔을 선택하지 못하여 금전적 손실 및 마음고

생을 하는 것보다는 만약의 경우를 대비하여 1년 계약이 낫다고 생각되며, 물론 쉬운 일은 아니지만, 기간 만료 후 다른 곳을 임차할 때 공백기간이 길어지지 않도록 유의하여야 한다. 단, 임차 후 매출에 대한 확신이 있는 경우이던지, 시설투자를 하여 장기적으로 운영을 원한다면, 2년 이상으로 하여도 무방하다.

2) 건물 소유주 직영 및 전 임차인

모텔임차 시 소유주직영 아니면, 전 임차인으로부터의 양수 둘 중 하나이다. 전 임차인의 매출액 브리핑은 거의 과장된 경우가 많으며, 건물주 직영이 더 위험한 경우도 있다. 임차인이 나가고 소유자가 운영을 하면 일단 건물주 직영이다. 임차인이 장사가 안되어 나간 후 새로운 임차인을 구하지 못하여 할 수 없이 직영을 하거나, 운영하다가 장사가 안되어 임대를 놓으려는 경우도 최근에 늘어나고 있으며, 이 경우 건물주 본인이 운영을 하면서 얻은 수익금액을 월세금액으로 책정을 하여놓고 빼는 수도 있다. 인천 C 모텔의 경우, 현 임차인은 보증금 4억과 월세 2,300만 원에 임차 중으로 좋은 수익이 발생되지 않는 곳이었지만, 계약기간 만료가 다가오자 건물주는 보증금 5억에 월세 2,700만 원으로 새로운 임차인을 구하려 시도를 하고 있었다. 또한, 경기 침체가 계속되어 매출액은 매년 감소하는데도 불구하고 시설의 보완없이 월세는 수년 전부터 동결 상태로 임차인만 계속 바뀌는 곳도 있으니, 건물주 직영인 곳으로부터의 임차도 매우 주의를 기울여야 할 뿐만 아니라, 좋은 건물주를 만나는 것도 매우 행운이다. 건물주 성향도 잘 살펴보아야 한다.

3) 모텔 부동산

임대를 놓는 물건은 임차인이 바뀌어가며 운영을 하기 때문에 계속적으로 나온다. 계약기간이 만료되기 오래전에 임차인들이 권리금을 받을 목적으로 매물을 내어놓기도 하며, 심지어는 잠시 운영하여 본 후 바로 내어놓기도 한다. 장사가 안되는 곳이다. 이런 종류의 모텔을 선택하면 소위 수업료 지불을 많이 해야 한다. 모텔을 오랜 기간 운영한 사람들은 어느 지역의 어떤 모텔이 어느 정도의 수익을 올리고 있는지까지 훤히 알고 있으나, 처음 창업 시에는 전문적이고 양심적인 중개업자의 확신에 찬 브리핑에 좋은 모텔을 소개받아도 판단을 하지 못한다. 전 임차인이 어느 정도의 기간을 운영했는지 여부도 양질의 모텔 선택에 참고가 된다.

이미 언급한 바로 모텔의 매출액은 프런트관리자 외에는 아무도 모른다. 중개업자는 임차인 혹은 소유주로부터 들은 매출액에 나름대로 어느 정도 높여서 브리핑을 하는 수도 있다. 매매가격 및 보증금과 월세가 이 금액이면 어느 정도의 매출액이 나와야 계약성사가 된다는 것을 알고 있기 때문에, 임차인이나 소유주의 과장된 매출액에 또다시 플러스알파이다. 실제 매출액과는 상당한 갭이 발생 되는 것이다. 이러한 비전문적인 중개업자는 피하는 것이 좋다.

4) 시설

매매 시에는 본인 소유의 건물이니 시설이 좀 떨어져도 입지가 좋으면 싸게 매수하여 보완할 수 있으나, 임차 시에는 시설이 잘되어있는 곳을 구하여야 한다. 물론, 적은 보증금이라면 시설이 좋을 리는 만무하겠지만, 나름 잘 살펴보아야 한다. 우선 객실관리 시스템이 잘되어 있어 카운터에서 손님들의 입·출입, 퇴실 시 전자제품 자동 소등 등이 이루어져야 하며, 각층의 복도 소등, 층별 혹은 객실별 난방이 카운터로 부터의 조절이 가능한 지의 여부도 중요하다. 필자도 시설이 안 좋은 곳에 임차하여 애를 먹은 경험이 있다. 객실 관리 시스템이 손님의 입·출입만 표시가 되고 객실 키를 뺐을 경우 TV, 에어컨, 객실 내 모든 전등이 소등이 안 되어 손님이 퇴실하면 각 객실마다 올라가 봐야 했으며, 난방도 보일러실에 들어가 매번 수동으로 작동을 하는 곳이었다. 집에서 가까운 곳에서 운영을 해보고 싶어 모든 것을 감수하고 임차를 들어갔었지만, 시설상태가 무난하지 않으면 운영을 할 수 없다는 것을 체험한 장면이었다. 시설이 열악하여 임차인이 하자보수를 못할 지경에 이르면 시설에 관한 한 포기를 하게 되며, 손님 유치에도 자신감이 떨어지게 된다. 어느 정도 무난하다 싶은 곳도 인수 후 속 내용을 들여다보면, 시설하자에 대한 비용이 만만치 않게 들어가므로 이런 종류의 비용도 염두에 두어야 하며, 가능한 한 무조건 시설 좋고 주차가 무난한 곳이 좋다.

5) 임차 시 보증금

창업 시 궁금한 것 중의 하나가 어느 정도의 보증금으로 임차를 하면, 수익이 얼마이며 시설의 수준은 어떨지이다. 수도권과 중소도시 및 기타지역, 객실 수, 고급시설 유·무 등에 따라 천차만별이다. 보증금이 높을수록 수익이 높고 시설이 좋은 것은 맞으나, 이런 종류의 모텔은 초보창업 시 접근하기가 쉽지 않을 것이며, 오랜 경험을 한 베테랑들이 전유물에 속한다. 처음 창업 시 보증금 1~3억 대를 많이 선호하며, 자금에 맞게 선택하는 것이 좋다.

　동일한 보증금이면 서울이나 수도권보다 지방이 수익률과 시설이 좋다. 보증금 1억 이하이면 수도권에서는 여관이나 장급에 해당되지만, 지방으로 가면 외관상 규모가 좀 있기도 하다. 월세가 비싼 경우는 1억 대라도 시설이 괜찮다. 융자가 과다하게 많이 설정되어 있거나 건물주 사정상 그리 내어놓을 수도 있다. 1억~3억 대로 보면 시설과 위치가 좋고 객실 수가 많으면 월세가 비쌀 것이고, 월세가 싸면 그 반대로 보면 된다. 예를 들어, 수도권에 보증금 4억에 월세 1,800만 원인데 주차장도 넓으며 시설 괜찮고 객실 40여 개에 손님이 많은 곳과 보증금 1억에 월세 300만 원인데, 주차장도 협소하고 장기방 손님도 있으며 20개의 객실에 안정된 수입이 나오는 두 모텔이 붙어있다고 한다면, 어느 모텔을 선택하여야 하나? 수익률이 예상대로 꾸준히 나면 전자가 운영하기가 좋으나, 비싼 월세가 감당이 안 될 수도 있다.

　보증금 3억에 월세 1,500만 원인 모텔이 외국관광객손님 위주의 영업을 하였으나 관광객 급감으로 혹은 주변의 많은 유흥업소 대상 영업의 영업을 하였으나 경기 침체로 손님이 줄어 회복 불가능 상태로 장기간 타격을 입는 것보다는 보증금 2억에 월세 500만 원으로 수익도 적정하고 관리가 편하며 안정된 곳이 낫다.

　보증금 5억 정도 이상이면 수도권에서도 시설 좋고 본인이 관리만 하여도 될 수 있는 곳을 구하는 것이 좋다. 지방에서 이 금액이면 호텔급이다. 보증금, 월세, 시설, 수익, 이 모든 것이 본인의 자금력에 딱 맞는 것은 찾기 힘들며, 가장 중요한 것이 수익률이다. 보증금 많고 남 보기에 번듯한 시설이지만, 월세가 많아 수익이 안 나면 아무 소용이 없는 것이다. 특히, 보증금 2~3억 대는 시설이 별 차이가 나지 않는다. 많은 경우의 수가 있으나, 보증금과 월세가 적정하고 본인의 노력 여하에 따라 매출액을 상승시킬 수 있는 곳이 가장 좋은 곳이다. 객실 수는 1억 이하이면 20개, 2~3억 대이면 30개 전후, 5억 대 이상이면 40개 이상 정도가 무난하다. 처음 창업을 시도할 경우 무리를 하지 않고 경험을 좀 쌓은 후 점차 규모를 늘려가는 것도 한 방법이다.

6) 장기방

장기방은 객실이 많으나 숙박손님으로만 채울 수 없어 이익이 발생되지 않을 경우, 혹은 시설이 열악하여 일반손님이 적을 때 공실을 방지하기 위하여 업주의 고육지책으로 손님을 받게 된다. 장기방의 장점은 한 달 치 숙박료를 선지급 받지만, 수익률이 좋은 것은 아니다. 출퇴근하며 잠만 청하는 장기방 손님이 최고 VIP이며 종일 객실 내부에 투숙하는 경우에는 요금을 적당하게 올려 받아야 한다. 통상 40~50만 원대로 책정이 많이 되며, 지역에 따라 60~70만 원대까지 받기도 한다. 시설이 좋고 요금이 비싼 모텔은 열외로 하고, 장기방이 없던 모텔도 상황에 따라 수익이 발생하지 않을 경우 장기방을 놓아야 하는지 검토를 하게 된다. 그러나 이것이 쉬운 것은 아니다. 기존의 장기방 전문모텔도 경기

변화나 지역 상황에 따라 급격히 장기방 손님이 줄어드는 수도 있는데, 지금까지 모집하지 않던 장기방 손님이 갑자기 줄 서서 올 리가 만무하다. 계약 전 중개업자나 현 운영자들의 "현재 손님에 장기방 몇 개를 추가로 받으시면 매출액은 얼마가 올라갑니다." 등의 말은 그들이 계약성사를 위하여 하는 말이다. 장기방이 많은 모텔에 일반손님들이 많을 수도 없으며, 반대로 일반손님이 많은 곳에는 장기방을 놓지도 않는다. 객실이 많아 장기방 모집을 하려 하여도 쉬운 일이 아니다. 매출액 계획시 공실이 생기면 장기방을 놓으면 되지 하면서 간단하게 생각하는 것은 대단한 착각이다.

7) 청소 메이드

모텔의 규모에 따라 지배인의 관리하에 배팅, 내부, 화장실 등 분담하여 할 수도 있고, 30~50개 객실의 경우 부부팀, 오전/오후팀, 소규모의 모텔은 1인이 전담하여 하기도 한다. 숙식, 출퇴근, 시간제 등 근무형태도 다양하게 할 수 있으며, 모집은 전국 사이트에 광고를 내거나 직업소개소를 통하여 알선을 받는다. 직업소개소를 통할 시에는 대부분의 소개소가 업주에게는 수수료를 부담시키지 않는 경우가 많다. 이직률이 빈번하므로 지급요청을 하지 않는 것이며, 이 업종도 나름의 시장이 형성되어 있다. 수도권일수록 타 국적 메이드가 대부분이며, 취직을 하여도 일이 많다거나 보수가 적다거나 업주와 맘이 안 맞는 등 각종 이유로 이직률이 심하다. 다른 곳에 또다시 쉽게 취직이 가능하기 때문이며, 업주 입장에서는 믿고 맡길만한 소위 내 일 같이 알아서 해주는 메이드를 만

나기가 쉽지는 않다. 규모가 큰 모텔의 경우는 팀별로 일을 하기 때문에 별로 해당이 안 되지만, 중급모텔 이하라면 청소 메이드를 구하는 것이 운영의 애로점 중의 한 부분이 될 것이다.

8) 예상외 지출비용

운영 시 통상의 경비 외에도 지출되어야 하는 비용이 상당히 많이 있다. 전기, 난방, 상하수도, 영화, 월급 등 통상의 비용 외에 하자 보수비가 그것이다. 시설이 열악한 모텔일수록 지출이 많이 되지만, 양호한 시설 일지라도 외비용은 적지 않다. 전자제품 도난발생, 차량접촉, 객실의 각종 하자, 부가세 세금 등 많은 종류의 비용이 발생된다. 예상된 순수익의 10~20%까지 될 수도 있으며, 이런 종류의 금액이 늘어나면 임차인의 경우에는 건물주와 분쟁의 소지 및 운영 시 의욕이 상실되어 버린다. 이익률이 적은 소규모의 시설이 안 좋은 곳일수록 이런 종류의 지출비율이 높다.

9) 카드매출액, 상하수도요금, 세탁비용

매매이던 임차이던 모텔을 선택 시 매출액을 비교적 객관적으로 검증할 수 있는 것이 카드매출액, 상하수도요금, 일일 세탁량이다. 카드매출액은 업주들이 공개하기를 꺼려하지만, 반드시 요청을 해보아야 한다. 과거에는 현금수입이 많았지만 근래에는 카드매출액이 많다. 예를 들면, 현 운영자 왈 "카드매출액은 적고 대부분 현금이라던가, 카드비율이 10% 정도 된다." 하는 말은 편의점에서 소량의 물품을 구입하여도 카드로 결제하는 요즈음 시대에 말이 되지 않는다. 카드매출액 오픈 시 예상 매출액에 비교하여 카드매출의 금액이 현저히 적으면, 업주가 말하는 매출액이 거짓일 확률이 높다. 또한, 객관적으로 매출액 검증에 근접하게 접근할 수 있는 것이 상하수도 요금과 일일 세탁량, 세탁비이다. 계약 전 반드시 검증이 필요한 품목이다.

10) 매수 시

매매 후 건물주가 되면 운영을 하여 보는 것이 좋다. 직원을 채용하여 운영을 하던 임대를 놓건 건물주가 본인 소유의 모텔에 대하여 알아야 한다. 일반상가 매매나 분양과 같이 월세를 받을 목적으로 매매를 하는 것은 적합지가 않다. 일반상가와는 조금 다른 개념으로 접근하여야 한다. 모텔은 수년간 운영을 해본 업주들이 주로 매수를 하지만, 최근에는 경험 없이 임대료나 수익만을 목적으로 매수하는 경우도 많이 늘어나고 있다. 매수 후에는 짧은 기간이라도 본인이 직접 운영을 하여 건물에 관한 정확한 정보를 파악하는 것이 좋다.

11) 외국인 청소메이드

예전에는 중국동포가 청소메이드의 대부분이던 시절이 있었다. 그 이후 중국인, 구 러시아계통, 몽골, 동남아시아에서 유입된 청소메이드들이 주류를 이루며 중국동포의 선호도는 거의 바닥이다. 한국어를 잘할수록 이직률도 높으며 월급도 쎄고 반대로 일 시키는데 애로 사항이 많다. 최근에는 태국, 베트남 등 동남아시아계 출신의 선호도가 높으며 몽골, 구 러시아, 중국인 순이다.

12) 우스갯소리

모텔 소개를 받을 시 매매이던 임차이건 공통적으로 많은 사유를 믿거나 말거나 열거하여 보겠다. 사실인 경우도 있겠지만, 과거에는 순위 1위가 암이었다. "갑자기 암에 걸려 운영을 못 하게 되었다." 그 사람 몇 달 후에 보면 다른 곳에서 모텔운영 열심히 하고 있다. "애인하고 같이 운영을 하였는데, 도망을 가버려서 혼자 하기가 힘들다." 말도 안 되는 소리에 왜 도망을 가나? "동업을 하였는데, 다른 한쪽과 마음이 안 맞는다." 수입이 좋으면 안 맞는 마음도 맞는다. "시설비 엄청 투자했는데, 다른 좋은 곳에 계약을 하게 되어 권리금 조금만 받고 뺀다." 일년 후에도 그 사람 그 모텔에 계속 있다. "외곽진 곳에서 여자 둘이 운영을 하다 보니 무서워서 못 하겠다." 여자 둘이 모텔 운영할 정도이면, 사실 남자보다 더 무섭다. "다리를 다쳐 계단도 못 오르내려 운영이 어렵다." 가보면 그 사람은 멀쩡하다. "멋모르고 처음 운영해봤는데 적성에 안 맞는다." 수입 좋으면 열심히 한다. "이 모텔은 안되는 곳이 아니다." 본인만의 생각이다. "갑자기 취직이 되어 접는다." 다른 모텔 열심히 찾고 있다. "해외로 가게 되었거나 남편이 해외발령이 나서 처분한다." 국내 집으로 간다. 부동산업자 왈, "운영자와 매우 잘 안다며 모텔 내막도 줄줄 얘기하며 매출 확실하다 한다." 누구 소개로 왔다고 하면 그 부동산업자가 누구냐고 되묻는다.

제4장

요령 있게 하는 모텔 운영

1. 객실 정비

　모텔의 객실 정비는 객실 및 욕실 청소, 침구 정리, 비치된 비품의 정돈 등의 업무를 말하며 객실에 한정되기보다 손님의 입실부터 퇴실까지 프런트, 객실 및 로비, 복도 등 전 모텔에 걸쳐서 위생과 편안함을 유지 관리하는 업무를 말한다. 프런트 업무가 방문한 손님에게 요금을 받고 객실의 판매 및 배정하는 것이라면 객실 정비 업무는 프런트를 지나 퇴실하기까지의 모든 사항을 점검하는 일이다.

　객실만으로 한정하여 보면 객실과 욕실 청소는 룸메이드의 몫이며, 침대 정리는 보조가 맡는 게 일반적이다. 하지만, 규모가 적은 모텔일수록 근무 인원이 적어 겸직하는 경우가 잦은데, 객실과 욕실 청소, 침대 정리를 한 명의 룸메이드가 총괄적으로 담당하기도 한다. 모텔 규모와 매출에 따라 인력 배치는 변화될 수 있으며 해당 업소의 특성에 맞게 최적의 인력 배치가 필요한 것이다.

　청소와 침구 정리를 마친 후 가구(소파, 탁자, 의자, 책상, 화장대 등)나 전자 제품(TV, 헤어드라이기, 전화기, 컴퓨터, 냉장고 등)과 같은 여러 가지 객실의 시설물에 대한 정리 정돈과 화장품, 사각 티슈, 샴푸, 린스, 수건, 가운 등의 객실에 비치 비품을 유지 관리하는 업무이다. 이와 같은 객실 정비의 개념은 크게 몇 가지로 요약할 수 있다.

가. 위생과 청결

　시트와 침구류에 머리카락이나 찌든 때 등의 이물질이 묻어 있어서는 불가 하며, 객실을 사용하고 퇴실했을 때 반드시 새것으로 교체하여 청결성을 유지한다. 휴지통, 수건, 재떨이, 리모컨, 화장대, PC 책상, PC Board, 등도 매일 청소를 하여 다른 사람이 사용했던 인상을 주어서는 아니 된다.

나. 준비

객실 정비는 보통 오전 9시부터 대실 고객을 맞이할 준비를 하고 오후 12시~1시경에 전날 숙박 고객을 퇴실 처리한다. 객실 회전율을 높이기 위해 숙박 고객이 퇴실하면 신속하게 휴게에 사용될 객실을 준비한다.

다. 동선에 맞는 서비스

모텔 입구부터 프런트 그리고 객실까지 고객의 동선에 맞는 시설 설치 및 서비스가 요구되며, 손님이 불편함을 안 느끼도록 편안한 분위기를 조성한다. 객실의 통합리모컨이나 영화 시스템, PC 작동, 월풀 사용 등에 고객이 불편함을 느껴서는 안 된다. 통합리모콘은 작동설명서를 만들어 쉽게 손이 닿을 수 있는 곳에 비치한다.

라. 안락감과 편리성

손님에게 안락함을 주기 위해서는 객실의 청결과 편리성이 우선시 되어야 하며, 불쾌함을 유발할 수 있는 칙칙한 냄새는 사전에 충분한 환기를 통해 없앤다. 매트리스의 쿠션감은 좋은지, 침구류의 시트가 낡거나 헤어짐이 없는지 보아야 하며 뽀송뽀송하여 새 침구에서 자는 것과 같은 느낌이 들도록 하여야 한다. 시설에서 주는 안락함과 동시에 직원의 친절도와 서비스도 고객이 느끼는 모텔의 이미지에 큰 영향을 준다.

마. 룸메이드와 프런트의 Match

객실 정비의 실질적 담당자인 룸메이드와 프런트 근무자와 원활한 의사소통은 필수적이다. 고객이 투숙 중인 객실, 청소가 필요한 객실, 청소 중인 객실, 청소를 마친 객실은 프런트의 객실 관리 시스템에 의하여 프런트 담당자가 수시로 체크를 하여야 할 사항이지만, 시설이 미비한 경우에는 양자 간에 정보를 공유하여야 하며, 하자 있는 객실은 프런트에 즉시 알려 객실 판매 전에 점검을 해두어야 한다.

카. TV 리모콘 작동법은 숙지하라.

프런트에서 제일 많이 오는 콜 중의 하나가 TV 관련이다. 숙박업소용 통합리모컨은 가정용과 달라 작동을 못 하는 분들이 있다. 객실로 올라가는 번거로움을 피하기 위하여 숙지해 두어야 한다.

2. 매출과 객실 정비와의 관계

객실정비가 모텔의 매출에 영향을 미친다는 것은 객실정비의 주업무가 청결의 유지이기 때문이며 만약 입실한 손님이 객실 내에서의 위생에 불결함을 느꼈다면 해당 업소의 이미지에 큰 누가 될 뿐만 아니라, 환불 후 퇴실까지의 경우도 발생할 수 있어 객실의 청결 유지는 무엇보다도 중요하다. 객실의 청결은 모텔 매출 및 수익에 커다란 영향을 미치게 된다. 임차인의 입장에서는 과다한 비용을 투자하여 시설 변경을 하거나 겉모습에 치장을 하는 것은 사실상 금액적인 면에서 불가능하다고 보아도 무관할 것이다. 제한된 임대기간 내에 투자 비용을 회수하지 못하고 권리금도 받을 수 없으면 그 금액에 대한 손실을 감수해야 하는 것이다.

시설 투자보다 객실의 청결 유지가 우선시 돼야 함이 첫 번째 과제이다. 즉, 한번 방문한 손님을 단골로 이끌어 모텔의 매출 증가로 이끌기 위해서는 가장 중요한 객실의 위생 및 청결이 유지되어야 한다.

모텔은 특히 시트와 침구류의 재사용을 하면 아니 되며 객실을 청소할 때마다 새것으로 바꾸어 주어야 한다. 비위생적인 객실을 비싼 요금을 지불하면서 이용할 고객은 없을 뿐만 아니라, 한 번 이미지가 손상된 손님이 재방문으로 이어질 것을 기대하는 것은 불가능한 일이다. 한 번 등을 돌린 고객이 다시 찾아오는 경우는 매우 드물다. 객실은 모텔의 상품 중 가장 중요한 수익 원천이며, 객실 정비를 담당하는 룸메이드와 점검을 담당하는 직원의 역할이 매우 중요하다. 모텔 업주는 세심한 직원 관리를 통해 객실의 청결은 문제없이 유지되고 있는지 살피고, 객실 내의 시설관리도 꾸준히 하여야 하며 담당 직원들의 꾸준한 교육을 통해 업무에 대한 전문성 및 해당 모텔에 대한 애착심을 심어 줄 수 있도록 해야 한다.

3. 객실 판매 하는 법

모텔의 수입은 전적으로 객실 판매이며 프런트 직원은 모텔의 수익을 담당하는 관리자이자 객실 상품을 판매하는 중요한 위치에 있다. 해당 모텔을 대표하는 얼굴이라 하여도 지나치지 않다. 손님에게는 긍정적이고 친절해야 하며 모텔의 이미지를 Up-grade 시킬 상냥한 인상을 남겨야 하고 상황에 따라서는 냉정하기도 하여야한다. 그러므로 프런트 직원은 많은 경험과 기술이 있어야 한다. 프런트 직원의 능력 여하에 따라 매출액의 증감에도 많은 영향이 있기 때문이며 룸메이드의 청소지시 및 일회용 비품관리 등 제반 사항이 전적으로 프런트 직원의 몫이기 때문이다. 객실 판매는 프런트 직원의 노하우(know-how)가 적절히 필요하며 손님 응대에는 상당한 기술이 필요하다.

가. 술 취한 손님이나 경계 대상 손님은 1층 또는 동선이 빠른 객실로 유도한다

위와 같은 손님이 입실하게 되면 요구 사항이 많아진다. 2인 이상이 되면 추가로 이불이며, 라이터에, 심부름도 종종 시킨다.

무리한 요구 사항이더라도 거절을 한다면 분쟁이 일어날 확률 또한 있다. 만약 동선이 먼 애매한 객실을 배정한다면 프런트를 비우고 자주 왕래를 하여야 하는 일이 발생하기도 한다. 감시가 용이한 곳의 객실을 배정하는 것이 좋으며 CCTV 화면이 잘 잡히는 쪽으로 유도하는 것이 좋다.

나. 객실 불량으로 불평(Complain)이 들어오면 무엇이든 보상 한다

객실에서 갑자기 PC가 안 된다거나 담배 냄새가 심하게 나거나 벌레가 나왔을 때, 청소 상태가 불량하여 손님이 화가 났을 때, 만약 객실 변경을 요청한다면, 준비된 다른 객실로 변경해주면 된다. 혹시 환불을 요구하면 불쾌한 인상을 지어서는 아니 되며 정중히 사과하고 객실을 업그레이드 하여 제공하거나 음료 등을 서비스로 드리며 손님의 기분이 더 상해지지 않도록 시도를 한다. 한번 들어온 손님을 그냥 내보내면 아니 된다.

다. 추가 인원이 입실하면 정당하게 요금을 더 받아라

추가 인원이 입실 시에는 추가요금을 설명하고 받아야 한다. 경험이 없는 초기 시절에는 밥상에 숟가락 하나 더 얹는 기분으로, 아니면 미안한 마음으로, 혹 추가 요금을 불러 다른 곳으로가면 어떻게 하나 하는 마음으로 주저하게 된다. 추가 인원이 입실하게 되면 침구를 추가로 요구할 수도 있어 세탁비도 염두에 두어야 하고, 수돗물, 비품 등도 더 사용할 수 있고 손님 입장에서 보면 1/n으로 분담을 하는 꼴이기 때문에 그리 큰 부담은 아니다.

기준은 2인 1실이며, 한 명 추가 시 상황에 따라 5천 원이나 1만 원씩 추가 요금을 받는다. 4인 이상 입실 시에는 손님이 추가 요금 때문에 프런트에서 다투거나 다른 모텔로 가버리면 모텔 입장에서는 손해이므로 서로 적당한 선에서 협의를 보는 게 좋다. 프런트 근무자의 재량을 발휘할 때이다.

라. 남녀손님을 잡아라

매너 좋고 가격으로 흥정할 필요도 없으며 최고의 VIP 손님이다. 단골손님이 될 수 있도록 최대한의 성의를 다하라.

마. CCTV 모니터링을 통해 여러 명의 입실을 사전에 방지하라

한 명이 들어와서 "객실 있어요?" 묻는 손님, 요금 지불을 완료하고 뒤에 줄줄이 따라 들어가는 경우가 있다. 프런트에서는 그냥 넋 놓고 보는 경우가 많다. 예상치 못한 결과이지만, 이런 손님이 꼭 있다.

외부 CCTV를 항상 확인해서 뒤에 여러 명의 사람이 모여 있는지부터 확인하여야 한다.

분간이 어렵다면 "네, 방 있습니다. 요금은 얼마입니다."가 아니고 "네, 2인 1실로 얼마입니다."라고 말하라. 프런트 근무 시 CCTV에서 눈을 떼지 말고 바깥 상황이 어떻게 돌아가는지 파악하는 게 중요하다.

요금을 받고 객실키를 일단 내주면 통제가 사실 불가능해진다. 대화만 하다가 곧 퇴실한다고 입실하여 수차례 문을 여닫으며 외부로 왕래를 하는 경우에 실제 숙박인원을 알 수가 없으므로 입실을 못하도록 하는 것이 최선의 방법이다. 실제로 이런 부류의 손님들은 거의 상습적인 경우가 많다.

바. 단호하게 거절할 줄도 알아라

지역에 따라 약간의 차이는 있지만, 프런트에 와서 여자를 불러 달라는 손님이 가끔 있다. 일단 입실 후 객실에서 프런트로 콜을 하여 문의를 하는 경우도 많이 있다. 주변 지역의 다른 업소들이 다 알선을 해주는데, 왜 안 해주느냐고 불평을 하여도 우리 업소는 아니다. 성매매 알선 또는 장소 제공으로 엮일 수도 있으니 무조건 모른다고 하라. 우리가 관여해 버리면 큰일 날 수 있다. 불평불만을 하든 그냥 간다고 하든 한쪽 귀로 흘리면 된다.

사. 술 마신 손님들 이렇게 하라

입실손님 중 제일 난감한 경우이다. 요금을 지급하고 조용히 입실하여 숙면을 취한다면 최고급 VIP 양반이다. 지역별, 손님의 수준에 따라별 손님들이 다 있다. 심지어는 요금도 자기들이 책정하고 난동을 부린다. 제정신이 아니므로 일단 대화가 되지 않는다. 그냥 다른 곳으로 가주었으면 하는 손님도 있지만, 손님의 상태나 성향 등을 재빨리 파악하여 살살 달래는 것이 우선이다. 퇴실 시 못 보는 경우가 태반이지만, 객실호수를 기억하여 놓았다가 술이 깬 후 퇴실 시 정중히 대화를 시도하여 반복되는 일이 없도록 하는 것도 좋은 방법이다.

아. 입실거부 하고 싶은 손님은 외상을 주면 된다

외상을 주게 되면 추후로 볼 수 없는 경우가 많다. 요금 지불 없이 하루를 숙박했는데 후에 방문하여 2배를 지불하며 숙박하지 않는다. 단골손님들은 외상을 하면 거의 다음번에 지불을 하는 경우가 많지만, 이틀을 연이어 외상요구를 하는 경우도 있다. 이것은 거의 받을 확률이 없다. 결국, 손님 끊기고 요금 못 받는 경우가 된다. 외상 거절한다 하여도 그 손님 끊기는 일은 없으니 2회 이상은 발생하지 않도록 하는 것이 좋다. 하지만 단골 중에도 입실 거부하고 싶은 손님이 있다면 외상요구 시 부담 없이 2회만 적선을 하라. 그러면 자발적으로 오지 않거나 오게 되어도 어느 정도 시간이 지난 후 와서 밀린 요금을 제대로 주지는 않으므로 입실거부를 자연스럽게 할 수가 있다.

자. '금방 나간다'는 거짓말

손님 중에 이런 경우가 종종 있다. "씻고 금방 퇴실합니다." "피곤해서 잠깐 눈만 붙이고 금방 나갑니다." 십중팔구 소위 모텔투숙의 베테랑들이며 약간의 요금 할인도 함께 요청한다. 곧이 믿고 입실을 허락하면 휴게, 숙박을 막론하고 퇴실시간을 지키지 않는 경우가 많으며 사용한 객실의 청소시간도 평균의 두 배가 넘는다. 물론 모두 다 그런 것은 아니지만 손님의 인상, 말투 등에서 어느 정도 파악은 할 수가 있다.

차. 할인요청은 거절하라

초면에 할인요청은 정중히 거절하는 것이 좋다. 그리고 베테랑 투숙객 중에는 프론트의 운영자가 교체되면 "자주 오는 단골인데 저는 계속 요금을 얼마로 지불하여 왔습니다." 하는 손님이 있다. 이 또한 사실이 아닌 경우가 많으니 현혹될 필요가 없다.

할인요청은 거의 5천 원~1만 원이 대부분이다. 간혹, 외국 손님이거나 사정이 있어 정중히 요청하는 경우는 예외로 하고 상습적으로 하는 손님들도 종종 있다. 이 경우는 절대 할인하여 주면 안 된다.

필자의 경우, 처음 운영하던 모텔은 요금이 일반실과 특실 두 종류로 나누어져 5천 원의 차등을 두고 있었다. 특실은 컴퓨터가 설치되어있고 조금 넓었으나 일반실은 전 객실의 창문에 조망권이 있었고 영화관람 시 컴퓨터 동작 없이 리모콘으로만 침대에서 조정할 수가 있는 장점이 있었다. 일반실이 더 좋아 보였는데 요금을 낮추어 받는 것이 합리성이 없는듯하여 전 객실을 특실 요금으로 통일하였다.

그 결과 매출액이 상승했음은 물론이고 처음 오시는 손님분들에게 차이점을 설명하면 과거 일반실이 더 선호하는 객실로 탈바꿈되었다.

4. 숙박업의 준수사항·권장사항

대한숙박업중앙회에서 배포한 자료를 근거로 간단하게 제목만 나열하여 보도록 한다.

가. 준수사항

   (1) 영업신고증 게시

(2) 요금표 게시

(3) 월 1회 이상 소독(소독필증, 소독약품 등 확인 필요함)

(4) 복도, 계단, 욕실 및 화장실의 조명 상태

(5) 객실, 접객대 및 로비시설의 조명상태

(6) 침구류의 교체 여부

(7) 먹는 물 제공방법 및 수질 관리

(8) 환기시설(창, 환풍기, 배풍기, 중앙환기설비 등) 설치 및 작동 여부

나. 권장사항

(1) 접객대 개방상태

(2) 소화기 비치 및 관리상태

(3) 비상구 유도등 설치 및 관리상태

(4) 창문(방충망) 설치 및 청결상태

(5) 침구류 청결상태

(6) 냉장고 등 편의시설 설치 및 청결상태

(7) 성인유선방송 제어장치 설치 및 작동 여부

(8) 비상구 안내판 비치 여부

(9) 휴대용 비상조명등 비치 및 작동 여부

(10) 완강기 설치 및 작동 여부

(11) 냉방장치 설치 및 청결상태

(12) 욕실 내 설비(욕조, 샤워부스, 샤워기 등) 청결상태

(13) 변기(비데) 청결상태

(14) 수건 청결상태

(15) 물품보관실 설치 및 물품 분리보관 여부

(16) 유통기한(음료수, 용품 등) 경과 여부

5. 객실 요금의 기준

객실 요금에 관하여는 일단 업주의 확실한 마인드가 있어야 한다. 기준을 가지지 않고 들쑥날쑥한 요금제시를 한다면 나중에 불이익의 대가가 반드시 나타날 것이다. 모텔이 밀집되어 있는 경우 서로 간의 경쟁이 심하다. 한번 방문한 손님을 그냥 되돌려보내는 것은 다른 업소에 빼앗기는 꼴이 되어 버리므로 손님이 요금 할인을 요구했을 경우 난감한 경우가 있다. 매일 숙박 손님이 만실이 된다면 물론 깎아줄 일은 없지만, 그렇지 않은 경우에는 매출을 생각하면 손님을 받는 것이 최우선이다.

5천 원에 매우 민감한 손님들이 있다. 요금을 흥정하다가 단돈 5천 원에 발길을 돌려버린다. 업주의 입장에서는 객실이 많이 비는 상태에서 이런 종류의 손님들을 2팀만 돌려보내어도 1만 원을 더 받으려다가 객실 2개를 놀려버리는 경우가 된다. 정상요금을 제시했지만 매출도 떨어지고 손님도 놓쳐버리는 격이 되어버리는 결과를 가져오므로 판단을 잘하여야 한다.

가. 객실의 요금은 기준이 있어야 한다

요금의 기준을 어떻게 설정해야 하는지는 해당 업소마다 다르다. 고급 모텔에 시설까지 완벽한 경우에는 손님들이 흥정을 거의 하지 않으며 할인을 적용할 필요도 없다. 왜냐하면, 손님이 알고 오는 경우가 많기 때문이다. 문제는 그 외의 경우이다. '객실의 공실률이 심한데 빈방으로 남겨 두느니 조금 할인해주고 손님을 입실시켜? 아니지, 할인해주면 안 되지.' 몇 초 사이에 수많은 생각 들이 뇌리를 스치게 된다. 업주가 직접 카운터에 있을 경우에는 어느 정도 융통성을 발휘하지만, 직원이 근무할 경우는 좀 소홀히 하기 쉽다. 그러므로 직원에게도 확실한 교육이 요구된다. 즉, 영업 방침을 반복적으로 주지시켜야 한다.

나. 객실 요금을 차등을 두는 경우

온돌방, 침대방, PC의 유무, 월풀의 유무, 물침대, 다인실 등등 객실의 상태에 따라서 차등을 둘 수가 있다. 이런 경우는 자연적으로 요금을 적용하기가 쉬우며 손님들에게 이해시키기도 쉽다. 요금을 깎는 경우는 어느 정도 선에서 절충을 하고 옵션이 없는 제일 저급의 객실 또는 조금 작은 객실, PC가 고장 난 객실, 약간의 하자가 있는 객실로 유도하라.

그리고 "오늘은 특별히 약간의 요금을 할인하여 드리지만, 다음부터는 제 가격을 내주셔야 합니다."라는 설명을 꼭 하여야 한다. 그래야 업주도 할인을 해준 후 조금이나마 위안을 삼을 수 있다. 하지만, 요금 할인은 나름대로 최저의 기준을 설정하여 놓아야 한다. 만일 그 기준 이하로 할인을 요구하면 정중하게 거절을 해야 한다.

다. 단골손님에게만 차등을 두는 경우

최상의 시설을 갖추고 있지 않은 모텔의 경우에는 대부분 요금의 차등을 둘 수 있는 옵션이 그리 많지는 않다. 모든 손님에게 일률적으로 적용하되 단골손님에게만 할인을 해 드린다. 이것은 업주와 단골손님과의 묵시적 약속으로 특별히 요금 문제를 거론하지 않아도 된다. 카드를 제시하면 그냥 결제하면 되고 현금은 손님이 알아서 지불한다. 단골손님 뒤에 다른 손님이 대기하고 있을 경우 요금 관계의 대화가 오가면 뒤의 손님에게도 영향이 있지만 보통 단골의 경우 요금 관계에 관하여는 대화를 안 하는 경우가 대부분이다. 묵시적 요금으로 계산하기 때문이다.

라. 먼저 깎아주지 말라

가격 할인은 어느 정도 하여야 하나. 프론트에서 어떻게 대처를 하느냐에 따라서 큰 폭을 할인해줄 수도 있고 아닐 수도 있다. 할인된 가격 제시는 절대 먼저 말을 하지 말아야 한다. 얼마간의 대화를 하다 보면 손님이 어느 정도 폭의 할인을 원하는지 대략 알 수 있다. 손님이 어느 정도를 원하는지 먼저 말하게끔 유도를 해야 하며, 주변 업소 에서는 어느 정도의 가격을 받는지 미리 숙지하고 있어야 한다. 5천 원만 깎아 줘도 들어올 수 있는 손님임에도, 먼저 1만 원을 할인하여 제시한다면 5천 원을 손해 보는 셈이다.

마. 할인해주면 다음번에는 불가하다는 멘트를 꼭 던져라

방이 많이 빌 것 같아서 한번 깎아 주면 손님은 그 요금이 이 업소의 요금인 것으로 생각한다. 만약 방이 몇 개 없는 날 또는 주말에 그 손님이 와서 저번에는 깎아 주더니 이번에는 안 깎아 준다며 실랑이를 벌이면 어떻게 되나? 불만이 생기면 나중에는 오지 않는 현상이 생기므로 할인하여 주는 즉시 "오늘은 이상하게 손님이 많지 않은 날이네요. 빈방이 좀 있습니다", "예약 손님이 갑자기 취소를 하는 바람에 방이 조금 남았습니다", "오늘은 몸이 안 좋아서 일찍 쉬려고요" 등의 말을 하면서 "오늘만 특별히 할인 가격에 해 드릴 터이니 다음부터는 제 가격을 내셔야 합니다."라고 반드시 말을 하여 다음에는 할인 가격에 묵을 수 없음을 숙지시켜야 한다. 손님들은 한번 깎아 주기 시작하면 다음에 와도 깎아 줘야 한다고 생각하기 때문에 사전에 방지를 해야 한다.

요금 할인은 매우 민감한 문제이기 때문에 융통성 있게 대처를 하되 확실한 기준을 정하고 적용해야 한다.

6. 입실 전 객실 홍보

손님이 입실 전에 객실을 먼저 보여 달라는 요구가 있을시 프런트 근무자는 주저 없이 OK 하는 자세가 필요하다. 그리고 손님에게 최상의 객실을 보여 드려야 한다. 업소에 한번 들어온 고객을 그냥 돌려보낸다면 영업차원에서 매우 큰 손실이며 명심하여야 할 사항은 손님의 입실 유도이다. 예를 들면, 만약 가격이 부담스러워 하는 손님의 의향이 파악된다면 프런트 근무자의 재량껏, 당 업소 첫 방문 손님은 홍보 차원에서 할인율을 적용해 저렴한 가격에 입실시켜 주겠다거나 혹은 가격이 더 저렴한 다른 객실을 보여주는 것도 좋은 방법이다. 또한, 모텔의 장점, 특징, 차별성을 설명하고, 객실을 직접 보여드렸는데도 손님의 반응이 안 좋을 때에는, 재량에 따라 할인율을 제시할 수도 있다.

가. 금일 투숙을 목적으로 묻는 경우

해당 업소의 시설에 대하여 본인의 필요에 따라 묻는 경우가 있다. 시설이 완벽히 되어 있는 고급 모텔을 제외하고는 답변을 주기가 힘든 때가 많다. 손님이 찾는 시설물이 없을 경우에는 정중히 사과 하고 해당 모텔을 알릴 수 있는 적절한 멘트를 구사할 줄 알아야 한다. 손님이 찾는 외의 시설물 및 당해 모텔의 특징이나 장점 등을 설명해야 한다.

"커플 PC 있나요?" ➡ 현재 커플 PC는 없지만, 최신 초고속 인터넷입니다. PC와 TV 동시에 화면을 볼 수 있습니다.

"영화 상영은 되나요?" ➡ TV 방송에서 영화도 많이 나옵니다.

"여러 명 투숙하려고 하는데 넓은 방 있나요?" ➡ 조금 좁은 듯하지만, 시설이 잘되어 있어 후회는 않으실 겁니다.

"온돌방 있나요?" ➡ 침대 방으로 되어 있지만, 따로 주무실 수 있도록 침구를 제공합니다.

찾는 시설물은 없지만, 손님이 투숙할 수 있도록 유도할 수 있는 근무자의 역량이 필요하다.

나. 후일 투숙을 목적으로 묻는 경우

숙박 예정인데 답사를 나온 경우가 있다. 이 경우는 단체 투숙일 경우도 많다. 손님이 시설을 궁금해하면, 미리 객실을 보여 드리는 게 원칙이다. 거부하지 말고 최상의 객실로 안내하라. 설사 금일 숙박을 하지 않을 시라도 미래의 고객이 될 수도 있다는 점을 명심해야 하며 방문 손님을 자기 해당 업소의 고객으로 만들 수 있도록 최선을 다해야 한다. 만약, 본인이 미숙하다고 판단이 되면 경험이 많은 지배인이나 능숙한 직원이 유도할 수 있도록 하는 것도 방법이다.

7. 객실변경 요청 시 대응법

근무 도중 가장 난감한 때가 손님이 객실을 바꿔 달라고 요청을 하는 때이다. 입실 후 곧바로 다른 객실로 바꾸어 달라고 하면 별문제가 되지 않지만, 실례로, PC사용 목적으로 해당 모텔을 방문한 손님이 입실한 후 침구와 욕실등을 사용한 후 방문 목적이었던 PC 사용을 하였는데, 작동 무 라고 생각하여 보자. 바꾸어 주면 이유야 어찌 되었든 간에 두 개의 객실을 사용한 꼴이 되어버리고 만다.

만약 손님이 입실 후 방을 바꾸어 달라고 요청이 오면 우선은 객실 사용 여부를 여쭈어 보고, 무슨 이유로 변경을 원하는지 알아보아야 한다. 이유가 합당하면 무조건 응해야 하며 손님이 만족할 수 있도록 적극적인 자세로 임한다. 대부분이 시설 불량이나 청소 불량인 경우가 많다. 전화를 받은 프런트 담당자는 성의없이 응대하여서는 아니 되며 친절하고 긍정적인 마음가짐으로 손님의 요구에 응해야 한다. 객실의 사용 없이 바꾸어 달라고 하면 손님이 키를 가지고 프런트에 와서 바꾸어 갈 수도 있지만, 그보다 앞서 모텔 직원이 먼저 달려가 다른 객실의 키를 가져다주는 것이 좋다. 객실의 교체와 함께 입실한 객실의 상태 유무를 체크도 할 수 있기 때문이다. 어떤 경우에 바꾸어 달라는 요청이 오는지 알아보기로 한다.

가. PC 나 TV 등이 안 된다고 하는 경우

일단은 조작 방법의 미숙일 경우가 많으므로, 우선 상황파악을 하도록 하고 전화상으로 설명이 가능한 경우에는 즉시 해결토록 하며, 아닌 경우에는 객실 입실을 허용할 수 있는지를 물어 원인 파악을 하여야 한다. 만약 해결불능 시에는 지체없이 같은 등급의 객실로 바꾸어 드리고, 담당 직원이 문제점을 찾아 해결하여 객실 판매에 지장이 없도록 하여야 한다.

나. 객실이 사용한 흔적이 있다고 하거나 침구에 머리카락, 이물질 등이 있다고 하는 경우

이것은 변명의 여지가 없다. 모텔 내 객실의 청소상태 불량이므로 손님에게 무조건 사과하고 재빠르게 같은 등급의 객실로 안내한다.

같은 상황이 다시 발생하지 않도록 바꾸는 객실을 입실 전에 담당 직원이 먼저 체크를 하는 것이 좋다.

다. 입실 후 얼마 되지 않아 손님의 환불 요청

환불 요청도 가끔 발생하는 일이기도 하다. 모텔의 규모 및 영업방침에 따라서 좌우된다. 손님이 객실을 전혀 사용하지 않았다면 이유를 물어보고 합당하면 무조건 환불하여 주어야 한다.

설사 조금 사용했다 하더라도 손님의 편에 서서 판단을 하도록 하는 것이 좋다. 환불에 관하여 어떠한 기준은 없다. 업소마다 서비스가 다르고 운영방침이 다르지만 원활하게 처리하여야 한다.

손님과의 마찰이 있게 되면 추후에 오지 않을 확률이 높기 때문이다.

8. 프런트 근무자의 근무

프런트 근무자는 나이와 직급을 떠나 인력을 총 관리하는 우두머리라 할 수 있다. 업무 경험이 풍부한 사람을 선호하지만, 이것은 어느 정도 중급 규모 이상의 모텔에서 해당이 되며 소규모인 경우에는 업주가 직접 하는 경우가 많다. 프런트 근무자는 어떤 마음가짐으로 근무해야 하는가? 프런트 업무는 모텔의 대표자라 해도 전혀 손색이 없으며 모텔에서 손님과 직원 또는, 직원과 직원 간의 정보 전달을 하는 데 있어서 상당히 중요한 역할을 한다. 또한, 프런트의 능률성 있는 업무야말로 해당 업소의 좀 더 효율적인 운영을 가능하게 해준다는 것을 잊지 말아야 한다.

가. 능률적으로 하라

프런트 근무자는 CCTV를 바라보며 손님들의 입실, 퇴실 및 벌어지는 모든 일을 파악하고, 내부의 콜을 통해 다른 직원과 의사소통을 한다. 객실에서 항의 전화가 걸려 오면 즉각 담당자에게 알려 조치가 취해지도록 해야 하며 손님이 퇴실했을 때도 룸메이드에게 사실을 알려 객실 정비가 이루어지도록 해야 한다. 이때 무분별한 지시보다 좀 더 현명한 방법을 제시하여 직원들이 효율적으로 일할 수 있도록 유도하여야 한다.

예를 들어 여유 객실이 20개가 있는 상황에서 1개의 객실이 퇴실하였다고 객실 정비를 지시하는 것은 그리 썩 좋은 방법이 아니다. 대기하는 시간에 좀 더 휴식을 취하고 한 번에 몇 개씩 모아서 일을 처리하는 게 더욱 효율적이다.

나. 미리 생각하지 말고 확인하라

일을 하다 보면, 확인하지 않아도 감각적인 느낌으로 처리할 수 있는 자신감이 생긴다. 그러나 프런트 근무자는 객실 판매와 직원들 컨트롤 및 현금을 관리하는 중요한 일원이기에 분명한 확인 없이 감으로 지시하는 행동은 삼가야 한다.

예를 들어, 손님이 퇴실한 후 룸메이드팀이 객실 청소를 위해 들어가는 것을 보았는데, 마무리된 것을 확인하지 않고 다른 손님을 입실시켰을 경우 상당히 곤란한 상황을 만들 수 있다. 프런트 근무자는 혼자만의 생각으로 넘겨짚는 것을 삼가야 하며 필히 확인하고 행동에 옮겨야 한다.

다. 손님을 다룰 줄 알아야 한다

프런트에서는 손님들의 돈만 받으면 되는 것으로 생각하는데, 경험이 있는 프런트 근무자는 일하는 데 있어서 상당히 능숙하다. 손님이 요구하는 것이 무엇인지 한순간에 파악하는 업무적 기술을 가지고 있다. 프런트 근무자의 한마디에 요금을 더 받을 수도 있으며, 다른 곳으로 갈 손님들도 발길을 되돌릴 수가 있다. 객실이 많이 차느냐 안 차느냐는 프런트 근무자의 노하우에 많이 작용을 한다.

라. 손님과는 모르는 사이이다

모텔에 출입하는 남녀는 부부, 불륜, 애인, 친구 등 천차만별이다. 자주 오시는 손님 일지라도 얼굴을 기억하고 서비스 잘해주려고 했다가 낭패 보는 일이 잦다. 나는 반가워서 말을 붙이는데 손님은 아닐 수가 있다. 단골이 떨어져 나가는 최악의 상황을 맞이할 수도 있다. 물론, 얼굴을 기억하고 최고의 단골 우대 서비스를 해주면 좋아하는 손님들도 있지만, 절대 먼저 손님이 아는 척하기 전까지는 친근함을 말이나 행동으로 표현하면 아니 된다. 즉, 분위기 파악을 잘하여야 한다. 필자도 아주 난감했던 적이 있다. 남녀가 숙박을 하러 왔는데, 여자 손님 얼굴이 너무 어려보였다. 남자가 카운터로 요금 지불을 위하여 내민 손을 보니 어리지는 않았다. 하지만, 미성년자 혼숙에 민감할 때라 무심코 말을 했다. "여기에 저번에도 오셨었나요?" 낯이 익은 얼굴이었지만 돌려서 물어본 것이었다. 순간 여자 손님이 동행한 남자에게 "자기, 여기 여러 번 왔어? 아이 아빠예요." 입실 후, 잠시 있다가 객실에 콜을 하였다. 여자

분이 너무 어리게 보여서 미성년자 여부 때문에 그리 여쭈어 본 것이라고 부인이 어려보여서 좋으시겠다고 하며 사과를 하였다. 남자분 왈! 그러지 않아도 지금 그거 때문에 싸우고 있었노라고 애가 6살이라고 괜찮다고 하시며 통화를 끊어 미성년자는 아니구나 하고 안도는 하였지만, 분위기 파악을 못한 실례라 하겠다. 단, 출장객, 스포츠선수단, 낚시 등 외부의 출장 손님들은 반갑게 맞이하여 주면 더 효과가 좋다.

9. 추가 요금 받는 법

추가 요금이란 무엇인가? 오버타임(Overtime)으로 인하여 발생하는 문제이다. 손님과의 실랑이가 벌어질 확률이 높으며 프런트 직원은 항상 일관된 기준이 있어야 한다. 물론, 항상 적용되는 것은 아니다. 예외도 있을 수 있다.

추가 요금에 대하여 알아보면,

가. 휴게(대실) ➡ 숙박

휴게 시간이 경과한 후에 숙박을 요구 시 숙박 요금을 추가로 받으며, 입실 후 오래지 않은 시간이 지난 후 숙박을 요청하는 경우에는 숙박요금에서 이미 지불한 대실 요금을 차감하고 받으면 된다.

시간대별로 구분하는 것도 한 방법이다. 오전에 입실한 경우는 숙박요금을 추가로 요구하며 이른 오후의 휴게 입실은 숙박으로 전환 시 3만 원을 추가로 받는다(휴게 2만, 숙박 4만 원의 경우).

밤 휴게의 경우는 2만 원만 추가로 요구하여도 된다.

나. 휴게 ➡ 휴게

휴게 요금을 두 번 받는다. 숙박 요금과 같은 경우 낮 숙박의 경우가 되며 떠블로 된다.

- 떠블: 숙박을 두 번 받는다는 모텔 용어이다. 숙박으로 입실한 손님이 일찍 퇴실할 경우 다시 숙박 손님을 받는 것으로 이런 식으로 3번을 받으면 더떠블이 된다.

- 낮숙박: 낮에 머물다가는 숙박. 오전에 혹은 이른 오후에 입실하여 밤늦게 퇴실하는 것을 말한다. 요금은 숙박 요금과 같다.

사전에 프런트의 양해 아래 할인받는 경우도 있다. 낮 숙박 손님 후에 다시 숙박 손님을 받는다면 떠블 객실이 된다.

다. 숙박 ➡ 숙박

숙박에서 숙박으로의 추가 요금은, 오후에 들어와 숙박을 한 손님이 다음날 퇴실을 하지 않고 하루 더 연장하는 경우이다.

라. 숙박 ➡ 휴게

대실 요금을 추가로 받는다. 숙박 손님이 다음날 퇴실 시간이 지났는데, 계속 머무를 경우에 적용한다.

큰 규모 혹은 대실의 회전율이 매우 높은 모텔에서는 일정 시간을 정하여 놓고 위와 같이 적용을 할 수 있지만, 규모가 작은 모텔에서는 사실상 규정대로 이루어지기가 어렵다. 업소와 손님과의 적당한 이해관계점을 찾아서 원만히 이루어지기도 한다.

추가 요금은 민감한 부분이며, 손님과의 말다툼으로 확대될 수 있어 더욱 신중을 기해야 한다.

10. 분실물 습득 처리방법

손님이 두고 간 물건은 비일비재하게 나온다. 휴대전화기, 핸드백, 시계, 반지, 귀걸이 등 수없이 많다. 심지어는 다른 곳에서 분실했음에도, 분실처가 모텔이라고 착각하여 다그치는 경우도 있다. 방문 손님이 두고 간 물건은 어떻게 처리해야 하나.

결론은 그냥 잘 보관하면 된다. 만약 분실물을 찾으러 왔는데 습득을 하지 않았다면 난처한 상황이 발생한다. 그리고 분실물 습득 관리 대장을 만들어 관리하면 좋다. 분실물 습득에 관한 처리 방법은 직원들에게 교육을 해야 하며 가장 빨리 발견할 수 있는 자가 룸메이드이다. 발견되는 즉시 프런트로 신속히 이동시킬 수 있도록 하여야 한다. 청소 시 발견을 못하여 그 객실이 몇 번 순환하게 되면 영영 습득을 못 하는 경우가 발생한다.

가. 분실물 발생 시 메모 사항

- 습득한 객실호수, 날짜, 시간
- 습득물의 내용
- 습득한 직원 성명

나. 분실물 찾으러 왔을 시 확인사항

- 숙박한 호수 및 퇴실 시간
- 분실물의 내용
- 신원 확인 (주민번호와 전화번호를 꼭 확인해두어야 한다. 만약 잘못 전달된 경우 더 난감해진다.)

다. 분실물 처리 시 해당 모텔의 이미지가 상승한다

(1) 습득물의 합리적인 관리는 좋은 이미지를 부각시키며 해당 모텔의 이용을 늘릴 수 있다.

(2) 고객의 물품을 체계적으로 관리함으로써 무한한 신뢰감을 인정받는다.

(3) 서비스 요원의 정직성과 양심을 보여주므로 고객 감동을 유발한다.

(4) 고객에게 공신력과 신뢰감을 주어서 단골손님을 확보한다.

(5) 고객이 단기간 내에 방문이 불가능할 시에는 택배로 보내준다.

라. 유실물 습득에 관한 현행법규

유실물 처리 절차	법 조항
1. 물건을 습득한 자는 7일 이내 경찰서나 지구대 제출	유실물법 제1조제1항
2. 7일 이내 신고시 습득자 소유권 인정	유실물법 제1조,제9조
3. 소유자가 나타나면 반환, 원 소유자는 5~20% 범위에서 습득자에게 보상금 지급	유실물법 제4조
4. 6개월 이내에 원소유자가 찾아가지 않을 경우 습득자가 소유권 취득	민법 제253조, 유실물법시행령 제4조
5. 습득자가 소유권 취득 후 3개월 이내 권리를 행사하지 않으면 국고로 귀속	유실물법 제8조, 동시행령 제5조

법령은 상기와 같지만, 분실물을 위와 같이 모두 처리할 수는 없다. 분실물 대장을 작성하여 관리하다가 일정 기간이 지나면 처리하는 것이 일반적이다.

11. 간단한 모텔용어 및 직원구성

모텔에서 사용하는 간단한 용어와 직원 구성에 관하여 알아보기로 하겠다.

가. 직원 수당에 관한 용어

- 휴게권: 잠시 쉬었다가 가는 손님(대략 시간은 2~3시간 정도)을 휴게라 하는데, 그 휴게 하나당 수당을 말한다.
- 떠블권: 숙박이 다 찼을 경우, 그 숙박손님 중 휴게처럼 쉬었다가 나가거나 갑자기 급한 일이 생겨 일찍 퇴실한 경우 청소하여 다시 숙박을 받았을 경우의 수당이다.
- 음료권: 보통 맥주 3병에 간단한 안주 추가하여 1만 원을 받는다. 구매단가는 5천 원 내외이다. 모텔은 숙박업소이지, 술을 판매하는 일반음식점의 업종이 아니다. 술을 합법적으로 판매하려면 별도의 허가를 받아야 한다.
- 식대권: 음식점이나 야식업체에서 객실로 배달왔을 때, 1,000원씩 카운터에 주고 가는 경우가 있다.
- 담배권: 4,500원에 구입한 담배를 손님이 5천 원이나 1만 원을 주고 거스름돈을 받지 않는다. 심부름 값으로 주는 경우이다.

나. 직원 용어

- 지배인: 해당 업소의 영업, 고객관리, 시설관리, 금전관리 등 모든 업무를 총괄 지휘
- 부장 혹은 실장: 당번이라고도 하는데, 사실 이 용어는 잘못된 용어이다. 실무적인 업무의 책임자로서 주차, 객실관리 등을 총괄한다. 그러나 모집공고 등 당번이란 용어가 일상화되어 있다.
- 보조: 부장으로 올라가기 전 단계이며 부장을 보좌한다.

- 캐셔: 예약, 체크인·아웃, 청소 지시, 금전관리 등의 프런트 업무를 한다.
- 룸메이드: 침실과 욕실 청소, 비품세팅 등의 객실정리 업무를 한다.
- 주방 이모(세탁): 직원들의 음식을 책임진다.
- 격일제 근무: 하루 24시간을 일하고 그다음 하루를 24시간 쉬는 걸 말한다.

다. 직원구성

숙박업소 운영 중 가장 중요한 것이 직원 채용에 관한 것이다. 매출액 대비 최저의 인건비로 최고의 능률성 및 효율성을 이루어야 하기 때문이다. 직원의 성실성과 근무태도 여하에 따라서 해당 업소의 매출에 막대한 영향을 미친다. 직원구성을 어떻게 해야 하는가? 물론, 정답은 없다. 참고로 보자면,

대규모

지배인 - 1~2명
당번 - 3~4명
캐셔 - 2명
메이드 - 5~6명
월매출 1억 이상

상급규모

지배인 – 1명

당번 – 2~3명

캐셔 – 1~2명

메이드 – 4명

월매출 6천 이상

중급규모

당번 – 2명

캐셔 – 1명

메이드 – 2~3명

월매출 4~5천

소규모 (업주 투입)

당번 1명

캐셔 1명

메이드 1~2명

월매출 2~3천

24시간 영업에 주차 서비스가 필요한 모텔을 기준으로 하였으며 주차 서비스를 하지 않아도 되는 곳은 당번은 채용이 필요치 않고 캐셔 또한 주인이 직접 할 경우에는 마찬가지이다. 지배인도 주인이 어떠한 식으로든 관여할 시 불필요하다. 월 매출 3,500만 원인데 메이드 2명만 두고 부부가 운영하는 곳도 있으며 이곳은 메이드가 수건, 베갯잇 같은 간단한 세탁도 전담한다. 규모와 매출이 적으면 인원수를 줄이고 겸직 업무를 한다. 모텔 운영 직원의 근무형태는 규모에 따라 그 업소의 특성에 맞게 배치를 하여야 하며 객실 수와 매출액 및 업주의 직접 투입 여부가 근무 인원을 결정하게 하는 주 요소이다. 소규모인 경우는 주야간 모두 카운터를 업주가 관리하며 룸 메이드를 출퇴근하거나 거주하는 사람으로 채용할 수 도 있는데 업주의 시간이 극히 제한되므로 주간 혹은 야간만 카운터를 관리 할 수 있는 직원을 채용하여도 된다. 중급규모 이상의 경우에는 파트별로 나누어 효율적으로 해당 업소에 맞게 운영하면 될 것이다.

12. 일회용품의 비치

2020년 5월 국회 본회의는 2년간 계류되었던 '자원의 절약과 활용 촉진에 관한 법률(자원재활용법)' 개정안을 통과시켰다. 현재 목욕장업에서 무상 제공이 금지된 일회용 위생용품(면도기, 샴푸, 린스, 칫솔 등)은 2022년부터 50실 이상의 숙박업에도 적용된다. 2024년부터는 전 숙박업에도 일회용 위생용품 무상제공이 금지된다.

필자가 운영했던 두 호텔의 예를 들자면 한 곳은 서울의 젊은층 위주 손님이 많은 곳은 일회용품을 유상판매를 했었다. 평균을 내어보니 약 70% 정도의 손님이 별도로 1천 원을 지불하고 구입하였고 제주도의 업소는 치약, 칫솔만 객실 내에 비치하고 샴푸, 바디, 린스는 욕실에 리필용으로 공급했는데 기타 다른 용품을 요구하는 손님들은 거의 없었다.

일회용품이라 하면 손님에게 제공되는 그 업소만의 특색이 담긴 서비스이다. 대개 비닐 팩처럼 생긴 케이스에 일회용품을 넣어 주는데, 어떤 곳은 다른 업소와 차별성을 두려고 독창적이고 다양한 방법을 사용하기도 한다.

종이봉투를 이용하는가 하면 케이크같이 상자를 이용하기도 하고, 고급스러운 플라스틱 케이스를 사용하는 곳도 있다. 종이봉투는 단가가 저렴하다는 장점이 있으나 찢어지거나 물에 젖을시는 물론이지만, 근본적으로 재활용할 수 없는 부분이 있고, 비닐 팩이나 플라스틱 케이스는 비싸지만, 재활용을 할 수 있다는 장점이 있다. 같은 재질이어도 무늬나 로고 등의 디자인에 따라 다른 분위기를 연출할 수 있음을 알아야 한다. 우선 업주가 가장 먼저 알아야 할 사항은 제공되는 일회용품을 전부 합친 가격이다.

너무 싼 제품만 고집하면 업소의 이미지가 하락할 것이고, 너무 고급스러운 제품만 고집하면 비용 문제가 발생할 것이다. 그럼에도, 일회용품은 될 수 있으면 고급스러운 것을 사용하기를 권하고 싶다. 일회용품은 손님의 입장에서 업소가 제공하는 하나의 이벤트에 속하기 때문이다. 깔끔하고 특색 있는 일회용품이 손님을 다시금 방문하게끔 하는 수단이 될 수도 있다.

🔍 일회용품의 종류에는 어떤 것들이 있을까?

- 필수 품목: 칫솔, 면도기
- 성인용품: 텍스(일명 콘돔), 지연제, 러브젤
- 청결제: 여성용, 남성용 구분
- 레이디 세트: 면봉, 화장 솜, 머리띠
- 샤워용품: 샤워캡, 보디 스펀지, 폼클렌징, 면도 크림
- 기타: 일회용 비누·치약·린스·샴푸, 마스크 팩, 머리빗, 입욕제 등

물론, 이 모든 일회용품을 전부 제공할 수는 없다. 각 업소의 시설과 환경에 맞게 선택해야 할 것이다. 칫솔의 예를 들어보면, 포장상태나 칫솔모에 따라 가격이 두 배 이상 차이를 내기도 한다. 면도기도 두 날 면도기는 100원대 초반, 삼중 날 면도기는 200원대 중반에 형성되어 있다. 가격은 올라가지만, 고급스러움을 느낄 수 있어서 많은 곳에서 선호하고 있다. 위에서 언급했듯이 일회용품은 고급스러운 것이 좋고 가능한 많은 제품을 제공하는 것이 좋다. 평균 휴게 수와 숙박 수를 계산하여 일회용품의 소모율을 계산할 수 있겠지만, 반드시 그렇지는 않다. 포장을 뜯지 않는 제품이 재활용되는 비중이 굉장히 크기 때문이다. 일회용품 제공은 바로 보여주는 서비스이다.

손님들이 일회용품 팩을 전달받았을 때 두툼함과 만족감에 사로잡히도록 하여야 한다. 대개 고객들은 시각적으로 본 후 만족감을 느끼고 그 자리에 두고 가는 경우가 흔하다. 손님들이 가지고 퇴실한다고 하여

도 개의치 마라.

그 손님은 일회용품 때문에 그 업소를 다시 찾을 확률이 높기 때문이다. 많은 업주가 궁금해하는 사항이 바로 다른 업소에서 사용하는 일회용품의 종류이다. 일회용품도 진화를 거듭하고 있으므로 정보 파악을 게을리해서는 안 된다.

만약 특별한 일회용품을 어느 기간에만 공급할 필요성이 있다면 프런트에서 손님이 입실할 때 따로 공급하여 주면 된다.

발품을 팔아서 직접 눈으로 보는 것이 좋겠지만, 전문적인 지식을 가지고 있는 비품 업체와 상담하는 것이 효과적이며, 보다 손쉽게 인터넷을 이용하면 많은 정보를 수집할 수 있다.

1. 처음 모텔을 오픈 할 때 고려하여야 할 사항
- 다른 모텔은 주로 어떤 종류의 일회용품을 사용하나?
- 일회용품도 고급이 있다는데 질과 가격은 어느 정도 차이가 나는가?
- 요즘 유행하는 브랜드 및 품목은 무엇인가?
- 가격이 싸면서도 고급스럽고 질 좋은 것은 없는가?

2. 일회용품의 세팅을 교체할 시기
- 손님이 줄기 시작할 때
- 주위에 신축 모텔이 생기거나 리모델링할 때
- 손님이 잘 사용하지 않고 계속 재고로 가져갈 때
- 이미 세팅된 지 6개월~1년이 지났을 때

손님에게 공급하는 일회용품은 카운터에서 지급하므로 카운터에서 세팅을 하거나, 혹은 객실에 비치할 경우는 룸 메이드가 객실 청소 시 낱개로 진열한다.

일회용품은 포장하는 용기의 재질에 따라 가격이 다르며, 겉면에 모텔 상호를 명기하면 분실의 확률이 줄어들며 고급스럽게 보일 수가 있다.

이제 일회용품은 각 모텔의 특색을 나타낸다. 다른 모텔과 차별화된 서비스를 제공하고 싶다면 일회용품부터 살펴봐야 한다.

고객 감동 마케팅의 시작은 일회용품에서부터 시작된다고 해도 과언이 아니다.

13. 비품 구매하는 법

비품은 무엇을 말하며, 어떻게 관리하는지에 관하여 알아보자.

비품은 모텔 운영 시 필수적 항목이며, 간단히 말하면 항상 일정하게 갖추고 있어야 하는 항상 두고 쓰는 물품을 말하며 소모적인 일회성 물품을 말한다. 칫솔, 면도기 및 비치해 놓는 치약, 샴푸, 화장품, 빗, 비누 등을 연상하면 될 것이다. 통상 카운터에서 관리를 하며, 항시 재고를 체크하여야 하고 일정량을 비축해 놓아야만 한다.

좀 더 자세히 살펴보자면 다음과 같다.

가. 비품은 어떻게 구하나?

납품 업체 정보 사이트에서 비품 업체를 선정하여 스스로 필요한 물품을 구매할 수도 있다. 이런 경우는 좀 경험과 숙달이 된 경우라 할 수 있으며, 대량으로 구매할 경우에 적합하다. 중소 규모의 모텔이나 초보인 경우에는 잘 관리를 해줄 수 있는 비품업자를 선정하여 거래하면 주문된 양만큼 물품을 배달하여 준다. 이것이 하나의 일을 덜 수 있는 방법이기도 하다.

나. 한 비품업자와 거래한다

여러 비품업체를 선정 후 구입하는 것은 좋은 방법이 아니다. 동일한 제품이라도 비품 업자마다 가격이 조금씩 다르다. 그렇다 하여 두세 곳 정도 가격을 비교하여 싼 제품만 구입한다면 어느 업체도 거래를 하려들지 않을 것이다. 신뢰할 수 있는 비품업체를 선정하여 한 곳만 거래하는 것이 좋다. 비품 업체는 경쟁이 심한 수도권은 주문 익일 바로 공급하여 주는 곳이 많으며 지방은 일주일에 1~2번 날짜를 정하여 그 지역을 공급하는 업자들이 많다.

다. 비품 주문은 어떻게 하나?

비품은 소모성 물품이므로 관리자는 빨리 소모되는 것, 천천히 소모되는 것, 그리고 자주 분실되는 물품들을 미리 파악하고 있어야 한다.

- 빨리 소모되는 것: 칫솔, 치약, 면도기, 비누, 커피, 녹차, 티슈, 화장지 등
- 천천히 소모되는 것: 지퍼백, 슬리퍼, 수건, 성냥 등

- 빈번히 분실되는 것: 화장품, 빗, 드라이기, 휴대폰 충전기(고정해두는 것이 좋다) 등

라. 비품입고 시에는 어떻게 하여야 하나?

낱개수량이 아닌 박스 단위로 입고되므로 입고 즉시 비품업자와 함께 수량을 체크 하여야 한다. 간혹, 수량이 미달하거나 박스 속에 다른 제품이 섞여 있을 경우도 있으므로 자세히 살펴보아야 한다.

마. 비품 결제는 언제 하나?

비품 업체마다 다를 수는 있지만 통상 그달에 입고된 물품은 그달 말에 대금을 지급하는 것이 좋다. 비품 결제의 상황에 따라 상호 간의 신뢰도를 해칠 수도 있으며, 소모성 물품의 대금 결제가 지연되면 나중에 큰 부담이 될 수도 있다.

바. 최신 비품의 동향과 가격도 수시로 체크 하여야 한다

통상 비품은 처음 선택 시의 물품을 고정적으로 장기간 사용하기 쉬우므로 유행에 뒤떨어진 물품이 들어오거나 가격이 다른 업체에 비해 비싸질 때도 있다. 이런 경우를 대비해 모텔 관리자는 다른 업체의 비품들을 벤치마킹하거나 인터넷상으로 여러 종류의 비품을 숙지하는 자세가 필요하다. 같은 물품을 줄 곧 제공하다 보면 손님들도 식상하게 되므로 적어도 1년에 두어 번쯤은 새로운 종류의 물품으로 교체하여주는 것이 좋다.

비품은 워낙 물품이 여러 가지이고 가격도 저마다 다르므로, 어느 것이 너무 비싸게 입고되고 있다면 빨리 파악할 줄 알아야 하고, 비품업자와 상의를 통해 가격을 협상할 수 있어야 한다.

사. 업소 이미지가 나빠지는 싸구려 비품은 절대 금지

모텔 내의 비품을 구매할 때에는 실용적이면서도 고객의 편의가 우선이 되는 비품을 선택하여야 하며, 동시에 각종 비품은 모텔의 분위기 및 이미지에 큰 영향을 미친다는 점을 고려해야 한다. 화장품, 휴대폰 충전기 등은 도난사고가 잦다. 그러나 저가의 비품을 비치하면 모텔의 이미지에 좋지 않은 영향을 미칠 수 있고, 브랜드 제품을 비치하면 도난으로 인한 비용의 부담이 생긴다. 이와 같은 상황을 적절히 분배할 줄 아는 지혜가 필요하며 고가 제품을 비치했다가 도난당하면 큰 낭패지만 업소용 비품은 부담스러울 만큼 비싼 것은 없으므로 가능한 한 고급스러워 보이는 제품을 사용하는 것이 좋다.

14. 비품 및 리넨실 정돈

리넨실은 근본적으로 층마다 있는 것이 관리도 쉬우며 청소 직원도 일하기가 편하다. 모텔 내부의 객실 정돈도 중요하지만 리넨실의 정리, 정돈도 깔끔하게 하여야 한다. 업소의 비품 창고나 리넨실이 정돈이 안되어 있는데 어찌 객실 정돈이 가능할 것인가. 리넨실을 보면 그 모텔의 직원들의 성실성과 마음가짐, 능력까지 파악할 수가 있다. 더 나아가 매출 파악까지 가능하다. 리넨실은 보이지 않는 그 업소의 얼굴이며 이미지이다. 문이 열린 리넨실의 청결하지 않고 정돈되지 않은 모습은 손님에게도 매우 안 좋은 인상을 줄 수 있다. 효율적인 관리를 어떻게 해야할지는 업소마다의 특성과 공간 구조에 따라 다르겠지만, 이유 여하를 막론하고 깔끔한 인상을 주어야 한다.

필자가 아산의 모 모텔에 답사 갔을 때의 일이다. 휴양지 앞이라 네온사인이 찬란한 것은 물론이요, 외관상 보기에 번듯한 로비만 해도 짐짓 30평 이상 될 듯 보이는 객실 45개의 적지 않은 규모의 모텔이었다. 비품 창고를 프런트 옆 객실을 터서 사용하고 있었다.

안쪽에 사용하지 않은 전자제품 및 용도를 알 수 없는 상자들로 가득 채워져 있었으며 침구까지 마련되어 있고 그 한편에 박스단위로 들어온 비품들이 뚜껑만 열려 있는 상태로, 필요할 때 수시로 룸메이드 및 손님에게 제공을 하고 있었다. 규모에 비하여 관리가 제대로 이루어지지 않음을 알 수가 있었다. 이렇듯 제3자에게 보이는 비품실 및 리넨실은 보이지 않는 그 해당 업소의 얼굴이라 할 수 있다.

가. 앵글을 만든다

적은 비용으로 좁은 공간을 효율적으로 사용할 수 있는 것은 앵글밖에 없다. 일단, 리넨실, 비품실의 공간에 맞게 3,4단의 앵글을 만들고 앵글 사이에 놓을 수 있는 합판을 치수를 재어 제작한다.

나. 품목의 위치를 정한다

문 입구 쪽으로부터 제일 가까운 쪽으로 제일 많이 사용되는 품목을 배열한다. 이것은 앵글을 제작할 때부터 염두에 두어야 한다.

앵글의 간격을 전부 일정하게 할 수도 있지만, 품목의 종류에 따라 앵글의 간격을 조절할 수가 있기 때문이다.

다. 품목의 위치 배열을 정한다

사용의 빈도에 따라 배열하여야 한다. 수건이나 음료, 커피같이 많이 소모되어 사용이 많은 품목은 잘 보이는 곳, 허리를 굽혀 집지 않아도 되는 가까운 곳에 보관하도록 하고, 전구나 사다리 등 비교적 사용 빈도수가 적은 것은 안쪽으로 보관하는 것이 좋다.

그리고 무거운 비품은 아래로 추가이불 등과 같은 것은 맨 위 칸으로 배열한다.

라. 목록표 및 재고수량표를 부착한다

앵글 전면에 목록 카드를 만들어 붙여 놓는다. 그리고 수시로 변경 가능하도록 화이트보드나 칠판 같은 것을 사용해 재고수량표를 문 뒤쪽에 붙여 놓거나 설치하여 놓는다. 좀 번거로운 듯 보이나 정형화되면 일하는 데 보다 능률적일 것이다.

물론 소규모 모텔에서는 실천이 쉽지 않으며 번거로울 수가 있다.

마. 관리 장부

비품 관리 장부는 품목별로 입고된 날짜와 수량, 단가들을 표기하여 재고량 파악이 한눈에 알아볼 수 있도록 해야 한다. 이 또한 규모가 큰 경우의 모텔에 해당된다.

어떤 비품이 얼마나, 어느 정도 시간에 소요되는지를 알 수 있고, 분실, 도난 등의 파악은 물론 관리하기가 쉽다.

이상과 같이 손이 좀 더 간 듯싶지만 일단 틀에 넣어 습관화하다 보면 비품 관리에 더욱 효율성을 가질 수 있을 것이다.

15. 위생관리와 매출관계

정성스럽고도 철저한 위생 관리가 모텔 매출을 올린다는 것은 당연지사인데도 말처럼 쉽지는 않다. 처음 방문하는 외지에 가게 되면 일단 아무것도 모른다. 어디선가 하루를 묵어야 하는데 어느 곳에 묵어야 할지는 미리 모텔 관련 앱을 보고 정하거나, 외부의 네온사인만 보고 찾아 들어가게 된다. 객실에 들어서는 순간 잘못 들어왔다는 생각이 뇌리를 스치지만, 요금은 지급한 상태이고 그냥 나갈 수도 없어 포기하고 묵게 된다. 필자도 전라북도 소재 모 모텔에 하루를 묵은 적이 있었는데, 휴지통에는 먹다 남은 음식 찌꺼기가 봉투째 남아 있었으며 객실 내부의 정리상태가 엉망이었다. 새벽3시나 되어 입실한 터이라 잠만 자고 금방 나갈걸 하는 생각에 이불도 들치지도 않고 덮지도 않은 상태에서 그냥 묵은 적도 있다.

시설이나 외관이 고급화되면 당연히 위생적인 측면에서도 고려되어야 한다. 그런데 어떤 지역의 모텔들은 외부조명만의 눈속임으로 객실을 관리하며 관광지인 관계로 대부분 뜨내기손님이라고 여기고 손님을 무시하고 있는 경우도 있다.

모텔의 시설관리에서 위생적인 청결관리는 손님의 마음을 감동시킨다. 시설은 남들보다 못하지만, 객실 내의 베개, 시트, 겉이불 등 침구류와 욕실, 비누의 놓임 상태, 세면 컵 등의 청결하고 깔끔한 관리는 해당 숙박업소의 시설에 관한 선입견을 한순간에 없앨 수 있다.

이와같은 청결관리는 빠른 시일 내에 입소문으로 퍼질 것이며 손님이 늘어나는 것은 당연시 될 것이다.

숙박업소에서 운영하는 운영자뿐 아니라 종사원까지도 모두 모텔의 위생적인 청결관리에는 공감한다. 그러나 어느 순간 객실의 청결, 위생관리를 등한시하게 된다. 아마도 얼마 가지 않아 손님의 수와 질도 떨어지고, 떨어지는 것을 지나 불만을 토로하며 환불을 요구하게 될지도 모른다. 마음속으로 생각만 하고 공감만 하는 청결위생관리는 누구나 할 수 있다. 실천을 하는 것이 곧바로 매출액을 올릴 수 있는 최선의 방법이다.

모텔의 매출전략은 그리 어려운 것이 아니다. 고객의 편에 서서, 고객의 휴식을 위해서, 고객이 안락한 숙면을 할 수 있도록 객실을 청결하고 깔끔하고 위생적으로 철저하게 관리만 잘해도 매출이 쑥쑥 올라가게 된다는 것이다. 그런 위생적인 철저한 객실관리가 매출향상을 위한 첫 번째의 길임을 항상 염두에 두어야 한다.

객실의 위생적이고 청결한 관리는 청소를 담당하는 룸메이드가 개념이 올바로 박혀 있어야 한다. 그들이 모텔의 매출을 올려주고 고객에게 칭찬 듣게 하며 추후에 다시 해당 모텔을 방문하게끔 하는 역할을 하기 때문이다. 그들의 객실관리 상태에 따라 해당 모텔의 이미지가 좌우되는 것이다 객실의 청소관리를 하는 룸메이드들이야말로 해당 모텔의 꽃이요 매출을 좌우할 수 있는 최일선의 첨병인 셈이다.

그들의 마음가짐 및 사고방식에 따라 객실 상품의 질이 달라진다. 객실상품의 질에는 시설의 고급화가 큰 몫을 하지만 그런 커다란 몫을 다하기 위해서는 청결과 위생이 따라야 손님에게 만족감을 주고 객실이 상품의 가치가 있게 되는 것이다.

매출 늘리기는 공격적으로 해야 한다. 비용이 많이 든다고 청소인력부터 줄이는 것은 객실의 청결 및 위생상태의 질을 포기하는 것과 다름이 없다. 단시간 내에 여러 개의 객실청소를 끝낼 수 있느냐를 가지고 능숙하고 숙달되었다고 생각하면 잘못된 생각이다.

청결하고 위생적인 객실관리를 위해서는 약간의 시간이 더 소요되더라도 충실하게 위생적이고 청결한 객실을 만들어 고객에게 깔끔하고 말끔한 객실상품을 제공해야 한다.

Q. 위생관리를 위하여 가장 기본적인 것은 어떠한 것이 있는가?

우선적인 것은 침대 위의 시트와 이불, 베개의 청결이다. 시트와 이불 커버, 베갯잇은 숙박, 휴게(대실) 모두 할 것 없이 한 번 사용한 것은 무조건 교체해서 다시 세팅해놓아야 한다.

세탁비용을 줄이기 위해, 시간이 없어서, 깨끗이 사용해서 교체할 필요가 없다는 등등 핑계를 대며 재사용을 한다면 점차 게으름과 청결에 대한 안이한 생각으로 객실을 대충대충 정리하게 된다.

그리되면 불량한 객실이 점차 고객에게 제공되게 될 것이며 해당 숙박업소의 이미지하락 및 청결불량도 미치게 되어 매출도 하락하게 되는 결과를 초래하게 될 것이다.

Q. 객실을 청결하고 위생적으로 관리하기 위해서는 어떻게 해야 할까?

1. 시트, 이불 커버, 베갯잇은 한번 사용하면 무조건 교체해야 한다.

2. 객실바닥도 위생관리에는 중요한 항목이다. 침구세트, 욕실, 비품비치 등을 완료한 후 마지막에는 항상 객실바닥의 마무리 청소를 해주어야 한다. 룸메이드의 머리카락도 바닥에 떨어지는 일이 비일비재하기 때문이다.

3. 욕조바닥과 틈새, 욕조 안, 변기 주변 등은 물걸레와 마른걸레로 철저하게 매번 청소를 한다. 물 내려가는 배수구도 정기적으로 세제 같은 것으로 청소해주어야 한다.

4. 법에 명시한 대로 정기적으로 소독은 철저하게 해야 한다. 형식적인 방역 체계가 아닌 고객을 위한 진정한 방역체계와 모텔건물 전체의 청결 위생관리를 철저히 하여야 한다.

5. 모텔 메이드들이 내가 근무하는 모텔은 내 집이며 가족들이 숙박하는 곳이다 하는 마음가짐을 가지고 고객을 위해 자율적인 위생서비스를 제공할 수 있도록 숙지시키고 교육도 하여야 한다.

6. 철저한 위생관리를 해야 한다는 목표와 계획을 세워 실천에 옮김으로써 항상 위생적인 객실을 제공해야 한다.

7. 청소결과 및 객실의 위생점검을 매일 체크하여 청결하고 위생적으로 점검결과가 좋은 객실만을 판매할 수 있도록 청소담당 모텔 메이드들을 독려해야 하며 거부감을 가지지 않도록 위생에 대한 관념을 철저하게 주입하여 주어야 한다.

8. 정수기의 정기적인 청소 및 소독과 필터 관리로 항상 깨끗하고 위생적인 먹을 물을 제공하며 컵이나 커피잔도 위생적으로 관리해 주어야 한다. 객실청소용이 아닌 깨끗한 컵 닦기용을 준비하여 별도로 관리하여야 한다.

9. 수건은 항상 말끔히 말린 뽀송뽀송한 상태로 제공해야 한다. 오래

사용하면 뽀송한 감은 사라지고 일단 두께부터 얇아진다.

10. 화장품, 빗, 욕실의 비누, 샴푸, 린스 등도 가지런한 정돈된 모습을
보여야 하며, 욕실 내의 슬리퍼도 일렬로 배치하여 사용했던 듯한
이미지를 주면 아니 된다.

1~10번 이 모든 것이 메이드들이 할 몫이지만 작은 정성과 철저한 위
생적인 관리가 고객을 다시 찾게 하는 요인이며 이것이야말로 매출액
을 높일 수 있는 제일의 선결조건임을 숙지해야 한다. 그보다 더 중요한
것은 관리자, 업주 자신이 올바른 생각을 가지고, 다른 업소에서는 이리
하는데 같이 따라서 대충하면 되겠지 하는 생각을 접어야 한다. 차별성
이란 말로만 하는 것이 아니다. 실천에 옮김으로써 비로소 효과가 나타
나는 것임을 항상 명심하기 바란다.

16. 최대의 난적 머리카락

객실 점검은 모텔 관리자의 가장 중요한 업무이다.

특히, 청소 상태 객실 점검은 손님이 입실하기 전에 최종적으로 준비
하는 단계로써 매출과도 연관 있는 중요 업무에 속한다. 청소 메이드의
빠뜨릴 수 있는 부분을 철저히 점검함으로써 실수를 예방하는 것도 매
우 중요하다.

우선, 손님의 눈에 가장 잘 띄는 곳을 집중적으로 점검해야 한다.

가. 베드 메이킹이 완료된 침구를 들춰본다

침대 세팅이 마무리된 상태에서 이불을 들춰본다.

침구류는 세탁이 완료되었어도 간혹 머리카락이 붙을 수 있고 지워지지 않은 이물질이 남아있을 수가 있다. 또한, 베개와 베갯잇도 머리카락과 같은 이물질이 있나 반드시 확인해야 한다.

나. 냉장고 안을 열어본다

냉장고 안을 청소할 때 간혹 머리카락이 붙을 수 있으며, 흰 백색의 공간이므로 청소 상태를 게을리하면 곧바로 티가 날 수 있다.

음료가 보관되기 때문에 그 안은 가장 청결하고 위생적으로 관리 되어야 한다.

다. 빗을 철저히 본다

여러 사람이 사용하는 빗은 가장 지저분하면서도 깨끗하게 관리되어야 하는 품목이다. 타인이 사용한 흔적이 나타나면 불쾌하므로 비닐 캡을 씌워 손님으로 하여금 새 제품을 사용하는 듯한 느낌을 들게하면 매우 좋다. 특히, 여성들이 자주 사용하는 롤빗은 머리카락이 매우 많이 엉켜 있게 되는데, 청소 중 반드시 머리카락을 제거 해야 한다. 하지만, 귀찮다는 이유로 제대로 이루어지지가 않는 경우가 많다. 이 롤빗이야말로 모텔의 이미지를 손님에게 각인시켜 줄 수 있는 침대 시트와 같이 중요한 품목이다. 세세한 관리가 필요하며, 카운터에서 일회용품과같이 비닐캡에 넣어서 주는 것이 차별화할 수 있는 좋은 아이디어라고 생각된다.

빗 청소 요령

빗에 엉킨 머리카락은 칫솔과 같은 솔로 문질러 주거나 수건처럼 보풀이 있는 타올로 잡아 돌려주면 쉽게 제거할 수 있다. 아니면 일반 빗으로 긁어내어 함께 올라오는 머리카락을 제거하고 욕실에서 물로 한번 씻어주는 것도 방법이다. 그리고 적어도 일주일에 한 번은 뜨거운 물에 담가둔 후 세제를 이용하여 깨끗이 청소하여 건조해 준다.

라. 비누에 붙은 머리카락을 제거한다

욕실에 비누는 손님 대부분이 필수적으로 사용하는 품목이며, 가장 중요하면서도 잘못하면 관리가 제대로 이루어지지 않을 수 있다. 비누에 머리카락이 붙어 있으면 손님들은 매우 불쾌감을 느끼게 되므로 반드시 앞뒤를 살피어 머리카락이나 이물질이 묻지 않도록 잘 살펴야 한다. 모텔은 대규모 호텔처럼 일회용 비누를 제공 하는 곳이 드물다.

그러므로 청소 시 항상 관리를 소홀히 하여서는 안 된다.

마. 욕조에 붙은 머리카락을 제거한다

청소를 제 아무리 깨끗이 했어도 욕조에 머리카락이 붙어 있다면 안 된다.

물론, 욕조뿐만 아니라 세면대, 좌변기, 욕실바닥 등에 해당되는 사항
이다. 욕조에 들어섰을 때 하얀 욕조 및 타일에 가장 눈에 확 띄는 것을
머리카락의 들러붙음이다. 가장 먼저 점검해야 하며, 객실 점검 중 가
장 기본적이고 중요한 업무이다. 객실 다음으로 손님들이 눈여겨 보는
곳이 이곳이기 때문이다.

바. 객실바닥이 가장 취약하다

시트, 냉장고, 욕실 등은 쉽게 머리카락을 발견할 수 있지만 객실 바
닥은 대부분 하얀색이 아니므로 침대와 바닥 사이, 가구와 맞대어 있는
부분, 화장대 밑부분 등은 거의 보이지를 않는다.

보통 룸메이드의 청소 시에는 밀대에 수건을 끼워 바닥 청소를 하는
경우가 많은데, 사각 지역은 최소 일주일에 한두 번쯤은 집안에서 하는
식으로 손걸레질을 해주는 것이 좋다.

위에서 언급한 내용을 요약하면 다음과 같다.

- 객실: 세팅 완료된 침구류 점검, 냉장고 안 점검, 롤 빗 점검
- 욕실: 비누점검, 욕조점검
- 바닥: 탁자와 의자 밑 점검, 가구와 바닥의 접촉면 점검

지금까지 언급한 것 중 가장 중요 핵심이 무엇인지 파악이 되었으면
한다. 그것은 바로 가장 눈에 띄기 쉬운 부분을 먼저 점검하는 것이 요

령이며, 위에서 언급한 것 모두에 공통적인 것이 바로 머리카락이고 철저하게 점검하여야 한다. 객실 청결의 선두 주자는 바로 머리카락 제거임을 명심해두기 바란다.

17. 정리·정돈 방법

손님이 객실에 들어섰을 때 가장 기분 좋은 것이 객실 구조와 알맞게 어우러진 정리정돈이다. 모텔도 이제 고급 호텔에 버금가는 서비스를 하는 곳이 적지 않다. 지역별, 중소도시, 관광지 등 편차야 이루 말할 수 없지만, 그것은 중요하지 않다. 내 모텔 주변의 동종 업소가 서비스가 좋다면 능가할 수 있도록 노력해야 함은 물론이고, 그렇지 않다면 동종 업소와 차별화가 될 수 있도록 하여야 한다. 세심하게 정리 정돈해야 할 부분을 살펴보기로 한다.

가. 시트

시트는 잘 접어 넣고 당겨서 주름진 곳이 없이 항상 팽팽한 상태를 유지해야 한다.

나. 베개와 쿠션

베개와 쿠션의 각도가 일정해야 하며 평평하게 보기 좋게 간격을 유지하여 배열한다. 특히, 베개 커버가 구겨져 있지 않아야 한다.

다. 이불커버

이불은 잔주름이나 튀어나온 곳이 없도록 펴져 있어야 한다.

라. 화장대 위의 화장품 및 브러시와 빗

보기 좋게 정돈되어 있어야 하며 로고나 두른 띠가 정면을 보이게 배치하며 일정한 간격을 두어 진열한다.

마. 사각 티슈

사각 티슈는 빠져나온 티슈 끝을 삼각형 형태로 각을 잡아 두어 보기 좋게 한다. 이렇게 해야 다시 빼내어도 삼각형 형태를 유지하므로 항상 새로움이 있다.

바. 수건과 가운

수건은 접거나 말아서 비치하고 가운은 비닐 팩에 넣어 침대 위에 가지런히 놓아두면 좋다. 옷걸이에 비치하는 것은 손이 덜 가는 장점은 있지만, 사용하던 것이란 이미지를 주기 쉽다.

사. 욕실 및 현관용 슬리퍼

가지런히 일자로 배열하거나 보기 좋게 45도로 세워 두면 좋다.

아. PC의 마우스 패드

패드는 고급을 비치할 경우 도난 발생이 잦다. 중저가를 사용하되 마

우스를 정 가운데 올려놓도록 한다.,

이외에도 라이터, 리모컨, 전화기, 재떨이, 탁자, 의자 등의 품목 또한 보기 좋게 정렬되어 있어야 한다. 청소를 아무리 깨끗이 한다 하여도, 비품의 정돈이나 진열이 비뚤어지게 놓여 있다면 손님으로 하여금 안 좋은 이미지를 갖게 한다는 것을 염두에 두어야 한다.

정리 정돈은 왜 중요한가. 손님이 객실에 들어섰을 때 첫인상이다. 통상 객실 문을 열고 들어서는 순간에 판단이 서 버린다.

첫째, 문을 열었을 때 맡게 되는 객실의 향기
        (찌든 담배냄새는 최악이다.)
둘째, 은은한 객실의 분위기
셋째, 잘 정돈된 객실의 이미지

첫째와 두 번째는 일시적인 것이지만, 세 번째는 객실에 머무는 동안 지속적으로 접하게 되므로 더욱 중요하다. 룸메이드에 반복적인 교육을 통하여 정리정돈이 몸에 익히도록 유도하여야 한다.
교육 후 꾸준한 감독과 지시를 병행해야 효과를 볼 수 있다.
가지런한 정리정돈이야말로 객실의 생명이다. 세심한 주의를 필요로 하는 부분이다.

18. 욕실청소 방법

손님이 객실에 들어섰을 때의 이미지 3요소가 있다. 침구 정리정돈, 냉장고 안의 먹을거리, 그리고 욕실상태이다. 욕실도 편안하게 휴식을 취할 수 있는 공간으로서의 역할을 담당함은 물론이다. 욕실청소의 방법에는 특별한 순서가 있지는 않다. 하지만, 청소 후 욕조의 물기가 제거된 것을 확인하고 싶다면 우선으로 하는 것도 좋다. 관리자도 욕실청소에 관한 기본적인 사항을 알아야만 룸메이드관리 및 지시를 내릴 수 있기 때문에 기본적인 것은 숙지해야 하며 본인이 직접 해보는 것도 좋다.

가. 벽면세척

욕실 벽면은 습기, 물방울, 혹은 얼룩이 묻기 쉬운 부분이지만, 넘어가기 쉬운 부분이다. 벽면 청소 시 더운물을 전체면에 뿌린 후, 세제를 적신 수세미로 문지르고 나서 마른걸레로 물기를 제거하고 깨끗이 닦아낸다. 특히, 천장 부근의 이물질 및 수포 등을 제거하여야 한다.

나. 욕조청소

세제를 묻힌 수세미로 욕조주위의 이물질 및 욕조의 때를 깨끗하게 제거한 후 더운물로 씻어내고 마른걸레를 사용하여 깨끗하게 닦아낸다. 주의할 점은 욕조 위의 코팅이 손상되지 않도록 거친 수세미 사용을 하지 말고 부드러운 욕조용을 사용하여 조심스럽게 닦아내야 한다.

다. 변기청소

　수세미를 사용하여 변기 내부를 깨끗하게 청소한 후, 변기 주위와 변기뚜껑, 바닥 등의 물기를 마른걸레를 사용하여 깨끗하게 닦아낸다. 변기 청소 시 주의할 점은 간혹 물 내림이 원활하지 않아 세재 물이 제대로 배수되지 않을 때가 있으므로 끝까지 물 내림을 확인하는 것이 중요하다.

라. 세면대 청소

　세면대는 부드러운 수세미로 문질러 흠집이 없게 하고, 깨끗하게 씻은 후 더운물을 사용하여 거품을 없애고 마른걸레로 물기가 남지 않도록 한다. 세면대 거울은 가장 얼룩이 남기 쉬운 부분인데, 전용 세척액을 이용하여 코팅시켜주고 마른걸레로 충분히 닦아준다.

마. 욕실 바닥청소

　바닥을 세제를 묻힌 수세미로 깨끗하게 닦아내고 나서 더운물로 헹구어 얼룩이 남지 않게 하고 마른걸레로 물기를 닦아낸다.

바. 욕실용 비품세팅

　화장지는 항상 1/3 이상정도 되도록 하여야 하며, 그 이하라면 교체 혹은 새 화장지와 함께 비치하여 두는 것이 좋다. 티슈의 끝 마무리는 삼각형으로 보기 좋게 하며 샴푸나 린스, 바디클랜저 비치 시 그 양도 2/3 이상 되어야 하며 부족시 보충해주고 로고가 항상 앞면이 보이도록 한다.

사. 슬리퍼의 청결

필자가 운영 중인 모텔에 자주 오시는 손님이 한 분 계셨다. 어느 날 갑자기 그분이 이렇게 질문을 던지는 것이었다. "제가 회사일 때문에 전국 각지의 모텔에서 많이 숙박하는데 객실에 들어가면 제일 처음 어디부터 보는지 아십니까?" 느닷없는 질문에 대답하지 못하였다. 그분이 잠시 머뭇거리시더니 하시는 말씀이 "저는 객실의 슬리퍼가 얼마나 청결한지를 우선하여 봅니다. 이것이 깨끗하면 객실이 청결하지 않을 수가 없습니다. 이런 걸 보는지 모르셨지요?" 말씀이 끝난 후 "저희 객실의 슬리퍼는 어떻습니까?" 하고 물어 볼 수가 없었다. 필자도 청소 시 가지런히 정돈만 했지 주의 깊게 들여다보지는 않았기 때문이었다.

나중에 룸 메이드분께 확인하여보니 슬리퍼도 더러우면 솔질을 따로 하신다고 하시어 그 직원분이 신뢰가 갔던 적도 있었다.

이상을 정리하여 보면 욕실 청소 순서는 아래와 같이 하면 좋다.

세제사용으로 바닥, 세면대, 욕조, 변기 세척 ➡ 샤워기로 세제 제거 ➡ 세면대, 욕조, 벽면, 변기, 바닥의 물기를 차례대로 제거 ➡ 욕실 용품 세팅 ➡ 슬리퍼 정렬

배팅 및 객실청소의 인원이 분리되어 있지 않은 경우에는 객실 용품, 냉장고, 침구 세팅부터 마무리한 후 욕실 청소를 하면 된다.

19. 미니 냉장고 안의 품목

　손님이 객실에 입실하였을 때 가장 먼저 보는 곳이 냉장고의 내부일 수도 있다. 호텔의 냉장고 소위 미니바에는 각종 음료, 안주류, 샴페인을 비롯하여 주류가 비치되어 있다. 셀프서비스의 일종으로 매출과 관련되며 체크아웃 시 대금을 지급하여야 한다. 모텔은 무료로 손님에게 제공되며, 음료를 기본으로 과자, 컵라면, 커피, 녹차 등을 비치하곤 한다.

　다른 항목에서도 언급한 바와 같이 냉장고는 침구류, 욕실과 함께 객실의 3대 이미지에 속한다. 결코, 소홀히 할 수 없다.

　그럼 냉장고 안에는 어떻게 비치하여야 하는가? 결코, 만만히 볼 수 없는 냉장고 안을 살펴보기로 한다.

가. 만족감을 느낄 수 있도록 하라

　모텔 객실 냉장고 안의 품목은 손님에게 해당 업소의 이미지를 잘 홍보할 수 있는 가장 좋은 방법이다. 대표적인 손님 제공서비스이자 가장 효과가 좋은 마케팅이라고 할 수 있다. 비용절감 차원에서 적당히 대충 싼 걸로 비치해 놓으면 모텔의 이미지에 큰 타격일 뿐 아니라 차후 단골 확보에도 문제가 발생한다. 냉장고의 비치 품목으로써 손님에게 업소의 이미지를 잘 알릴 수 있도록 하여야 한다.

　냉장고를 여는 순간 만족감과 놀라움을 느낄 수 있도록 배치를 하는 것이 좋다. 얼마간의 비용 손실을 감수하고라도 손님 확보를 할 수 있는 최고의 마케팅이 냉장고 안의 품목 배열이다. 그리고 프런트에서도 자신 있게 객실료를 받을 수 있는 이점이 있다. 손님 대부분은 그 양을 전부 다 소모하지 못한다. 비용이 많이 들어간다 하여 겁낼 필요가 없다. 챙겨갈 수도 있지만, 그 비율은 얼마 되지 않는다.

경험으로 보자면, 젊은 남녀 손님은 음료수, 중년 분들은 음료수 및 커피, 가족 단위나 출장 손님, 일하시는 분들은 싹쓸이, 모텔 베테랑분들은 거의 원상 보존이다.

이것은 지역별, 손님 부류 등을 고려했을 때 퍼센티지의 문제이다. 냉장고 비치품에 아예 관심이 없는 손님들도 있다. 일단 가능한 한 많이 비치해 놓고 이 확률을 계산하여 보기 바라며, 이것 때문에 오는 손님의 증가분도 함께 염두에 두어 살펴보기 바란다. .

나. 어떻게 비치하여야 하나

냉장고 안의 품목은 반드시 해당 모텔의 특성을 살린 아이템으로 구성해야 하며, 서비스 차원으로 무료 제공되는 것이기에 부담 없는 가격의 제품이 좋다. 운영 시 파악이 되지만 일반 편의점에서 살 수 있는 같은 품목의 제품이라도 업소 공급용은 가격이 저렴하다. 즉, 비치하여도 큰 부담은 안 간다는 뜻이다. 그리고 꼭 고객 중심 편의가 우선되어야 한다. 음료 아이템이 겹쳐서는 아니 된다. 보통 종류가 다른 두 종류의 음료를 비치하며, 건강 음료를 추가로 3종류 넣으면 호응이 좋을 때도 있다.

그리고 손님의 선호도가 좋은 제품을 비치하는 것이 좋다. 업소의 이미지를 손상시킬 수 있는 음료는 절대 아니 된다. 광고를 많이 하는 신제품이라든지 유명회사 브랜드의 제품이 가장 좋으며, 어느 정도의 시점이 지나면 품목을 교체하여 주어야 한다. 몇 가지 품목을 비치하여 본 후 재고량을 파악하여 소비가 되지 않고 계속 재고로 남는 제품은 과감히 교체하여야 한다. 음료만이 전부가 아니다. 다른 업소와 차별화를 이루도록 하여야 한다.

예를 들면, 음료나 커피 이외에 초코파이, 사탕, 마스크 팩, 커피와 함께 먹는 낱개 포장 비스킷 등도 인기 제품이다.

- 초코파이류: 손님들 반응이 좋지만 가격이 비싼 게 좀 흠이다.
- 커피와 함께 먹는 낱개 스낵: 최고의 인기 품목이다.
- 컵라면: 모텔에서 손님들이 가장 많이 먹는 음식 중 하나.
  (젊은 층의 반응이 좋다. 단, 뒤처리는 문제임.)
- 사탕: 오렌지, 포도, 망고 등 낱개 포장 캔디가 있다. 적당량 투입.
- 마스크 팩: 카운터에서 일회용품으로 공급하여도 되고 냉장고 안에 시원하게 비치하여도 된다.

냉장고를 활용한 영업 마케팅, 손님이 냉장고를 열었을 때, 만족감을 가지게 하여라. 고급 브랜드 두 가지 정도를 포함한 중저가 제품의 조합, 컵라면, 초코파이와 같은 포만감을 느낄 수 있는 품목 하나만 추가된다면 손님으로서는 최고의 서비스를 받는 느낌이 올 것이다. 과감한 투자가 매출의 엄청난 상승을 불러올 수 있다. 사소한 것 하나부터 실천하다 보면 큰 결실을 볼 수 있을 것이다.

20. 객실 PC의 점검

숙박업소는 대표적인 여러 종류의 사람들이 거쳐 가는 서비스업종이다. 스마트폰을 많이 사용하므로 PC의 이용은 많이 줄어들었고 PC를 비치 안 하는 업소도 늘어나는 추세이지만, 제삼자에게 서비스를 제공해주는 항목 가운데 객실 컴퓨터만큼 잔고장이 잦고 손이 많이 가는 제품도 드물 것이다. 수많은 사람들의 손을 거쳐 가는 컴퓨터, 아마도 해당 업소의 객실에 컴퓨터가 설치되어 있다면 손님들로부터 "PC가 TV에 연계가 안 됩니다." "인터넷이 안 됩니다." "인터넷 모니터에 '신호 없음' 이라고만 떠요." "모니터가 동작이 안 돼요." "PC가 되지 않으니 방 바꾸어 주세요."

객실에 들어간 후 한참만에 이런 요청이 오고 방을 바꾸어 달라면 대략 난감이다. 특히, 젊은 층의 경우에는 PC를 목적으로 모텔에 오는 경우도 많은데, PC 사용 불가로 객실을 교체하여 주는 것이 가장 마음이 쓰리다.

만약 모텔 직원이 컴퓨터에 대한 기본 지식이 없는 경우라면, 이에 따른 대처가 불가능하며 PC도 수시로 점검을 해봐야 하는 항목 중의 하나이다. 관리자가 매번 체크를 해야 할 사항이지만, 객실에 들어간

이후 어느 정도 시간이 흘러 이와 같은 문제가 자주 발생한다면 모텔 직원은 근무의 효율성을 높이기 위해 컴퓨터에 관한 지식을 쌓아야 한다. 이것은 모텔의 운영에 큰 도움이 되며, 자신의 가치 또한 높이는 일이기도 하다.

PC에 관하여 전문지식이 없는 초보의 경우에는 맞닥뜨리며 배우는 길밖에 없다. 아마도 초기에는 소위 수업료 지불이라는 것을 상당한 기간 감수해야 할 것으로 보인다. 손님들로부터의 수없는 요청을 듣다 보면 노하우도 생길뿐더러 어느 정도의 경지에 이르다 보면 그동안의 지식 범위 안에서 모든 것을 커버할 수 있을 것이다.

대부분 손님들은 컴퓨터가 작동이 안되면 거의 무조건 프런트에 콜을 한다. 객실청소 시 룸메이드가 컴퓨터까지 점검 할 리는 거의 없다고 보아야 한다. 바로 전에 객실을 사용했던 손님이 저질러 놓은 일을 다음 손님이 객실을 사용할 때 발견되는 일이 부지기수이다. 객실청소 후 점검 시 발견이 되면 별문제이지만, 만일 간과했다면 아래의 간단한 것부터 체크해 봐야 한다.

1. 기본적인 것이지만 전원 코드가 뽑아져 있는지 보아야 한다. 전원 코드가 긴 코드 선으로 연결되어 문어발식 코드에 함께 연결하게 되어 있다면 필히 점검하여 보아야 한다. 드라이기 사용 후, 혹은 냉장고 등의 소음으로 코드를 빼놓을 때 PC의 전원코드도 함께 빼놓을 수가 있다.

2. 랜선이 빠져 있나 확인한다. 노트북을 사용 시 컴퓨터의 랜선을 빼내

어 노트북에 연결하여 사용 후 퇴실할 수가 있다.

3. 본체를 들어내어 선들이 빠져 있는게 없는지 확인해야 하며 접지 여부도 점검한다.

4. 전원도, 접지도 이상이 없는데 모니터가 안 나올 시는 어댑터를 교환해 주어야 할 때도 있다.

컴퓨터에 관한 한 전문가가 아닌 이상, 그리고 체크 장비를 소지하고 있지 않으면 원인을 찾아내기란 쉽지가 않다. 오래되고 교체하여 주어야 할 시점이 아닌 경우에는 특별한 문제가 있지 않은 한 컴퓨터 자체의 문제일 확률은 적다고 보아야 한다.

객실 사용 시 부주의일 확률이 높으니 일단 전원, 접지부분 등의 상태를 유심히 본다면 거의 해결이 될 수도 있을 것이다.

21. 성인방송의 불법 여부

성인 방송에 관한 부분도 중요하다.

손님이 DVD나 성인비디오 등 야한 화면을 보려고 요청하는 경우가 있다. 모텔이면 어느 정도의 성인영화를 거의 방영을 해주는데, 어디까지가 합법이고 불법인가에 관하여 이미 판결된 법원의 판결요지에 의거 문답식으로 정리하여 보기로 한다.

풍속영업의 규제에 관한 법률에 보면, 풍속영업소에서 음란한 비디오물을 관람하게 하는 것을 금지하고 있다.

가. 디빅스 플레이어를 설치하고 투숙객에게 비밀번호를 알려주어 음란물을 관람하게 한 행위

이는 음란한 비디오물을 풍속영업소에서 관람하게 한 행위에 해당하므로 불법이다.

나. 돈을 넣어야 성인방송이 나오도록 차단장치를 한 경우

이는 투숙객들이 업주의 관여 없이 스스로 음란물을 보는 경우라 할 수 없으므로 음란물에 해당하며, 원하는 투숙객만 보도록 TV 수신기에 잠금장치를 해도 숙박업소에서 음란물을 방영한 것은 위법이라는 판결이 나왔다.

다. 위성방송계약을 하기 전에 당해 비디오물의 내용에 관하여 영상물 등급위원회로부터 등급분류를 받았는지 확인해보지 않은 채 모텔에 위성방송 수신기를 설치한 경우

방송 공급계약을 체결하지 않거나 등급심사를 받은 비디오물만을 송출하는 다른 방송회사와 방송 공급계약을 체결하는 등 회피할 방법이 있었다고 할 것이므로 처벌을 피할 수 없다.

라. 객실 내 컴퓨터에 음란물을 저장해두는 경우

불법이다. 손님이 다운받은 음란물도 보관하는 행위도 처벌될 수가 있다.

마. 숙박업소에서 투숙객이 객실에 설치된 컴퓨터를 통해서 스스로 성인 사이트를 접속·음란영상물을 시청하거나, 위성수신 잠금장치를 스스로 차단하면서 음란영상물을 시청하는 경우

이 경우는 숙박업주를 풍속영업의 규제에 관한 법률 위반으로 처벌할 수 없다.

바. 불법 위성 성인방송(음란비디오물) 처벌수위

벌칙으로는 풍속영업의 규제에 관한 법률 제10조 제2호에 의거 3년이하의 징역 또는 2천만 원 이하의 벌금에 처해지며, 행정처분으로는 공중위생관리법시행규칙 제19조 별표7에 의거 1차 위반 시 영업정지 2월에 해당한다.

아. 성인방송, 무엇이 합법인가?

판단 기준은 그 영상물이 비디오물인지 음란물인지에 따라 달라진다. 즉, 영화진흥법의 등급 판정 대상인 '비디오물'로써 합법적으로 영화 저작권료를 지불한 후 콘텐츠를 사들여서 제공하는 업체를 통하여 모텔에서 상영한다면 이것은 문제가 되지 않는다. 참고로 숙박업소에 많이 설치되어 있는 VOD(Video On Demand)는 주문형 비디오란 뜻으로, 사용자들이 컴퓨터나 TV를 사용하여 시청을 원하는 영화를 선택하면 서버에서 통신망을 통하여 사용자가 원하는 영화를 감상할 수 있도록 한 서비스이다. 영화대행업체 측이 정당한 판권료를 내고 합법적으로 저작권이 허용된 영화를 공급해주는 시스템을 말하며, 비교적 지명도 있는 업체를 선정하여야 A/S에 별문제가 없으며 계약 시 약관을 잘 살펴보아 업체변경이나 중단 시 불이익을 받지 않도록 하여야 한다.

제5장

시설 보수와 관리법

1. 세면대, 욕실 배수구 막힘 해결

가. 세면대

세면대는 여러 부속으로 되어 있으며 각 부품을 인터넷 쇼핑 사이트를 통하여 구입 할 수 있다. 노후화되거나 동작이 안되는 간단한 부품 등은 철물점이나 사이트에서 직접 구입하여 교체하는 것이 비용 및 시간 절약 측면에서 유용하다.

가장 빈번히 문제 되는 것이 세면대의 막힘 현상이다. 머리카락이 엉겨붙거나 일회용품 클렌징, 샴푸 등의 찢긴 봉지 조각이 스며들어 배수관을 막아 물 내림이 원활하지 않은 경우이다.

(1) 준비물

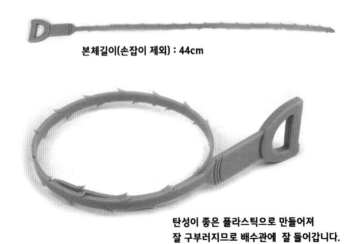

본체길이(손잡이 제외) : 44cm

탄성이 좋은 플라스틱으로 만들어져
잘 구부러지므로 배수관에 잘 들어갑니다.

머리카락 '뚫어뻥'이라고도 하며 제조사마다 명칭이 다르다.

(2) 사용 장면(동그란 PUSH PUP-UP이 분리가 안 될 때)

둥근 PUSH POP-UP이 분리가 되면 빼내어 놓고 이 물질을 제거하고
다시 조립하여 놓으면 된다. 이와 같이 시도하여도 물 내림 현상이 해결
되지 않는다면 아래 그림에 보이는 바와 같이 뒤쪽에 부착된 배수관의
이음새를 돌려 관을 분리하여 보도록 한다.

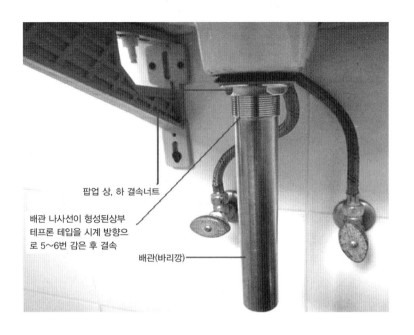

팝업 상, 하 결속너트

배관 나사선이 형성된상부
테프론 테입을 시계 방향으
로 5~6번 감은 후 결속

배관(바리깡)

　팝업 상하 결속 너트를 돌려 분리를 하면 일단의 물 내림 막힘은 방지를 할 수가 있다. 뚫어뻥으로 위에서 이 물질이 제거되지 않으면 세면대 밑 뒤쪽 관을 분리한 후 밑에서 제거를 시도하여야 하며 PUSH POP-UP 버튼이 눌려진 상태로 올라오지 않는 경우에도 가느다란 송곳이나 굵은 철사를 삽입하여 밑에서 버튼을 쳐주면 위로 올라온다.

　상기와 같이 일단의 물 내림 막힘 현상은 방지할 수 있으며 기타 다른 부속품의 교체는 인터넷쇼핑 사이트를 이용하여 규격 및 부품명칭을 숙지하여 구매할 수 있다.

나. 욕실 배수구

욕실의 배수구도 막힘 현상이 종종 발생하는 곳이다. 머리카락 엉킴에서부터 두루마리 휴짓조각 심지어는 치약 뚜껑 등이 나오기도 한다. 배수가 되지 않아 바닥이 물로 가득 찬 경우도 발생이 된다. 몇 가지 공구만 비치하여 보관하면 관리자가 직접 해결을 할 수가 있다

(1) 점검

우선 배수구를 열고 샤워기를 이용하여 물을 투입하여 배수가 잘되는지를 확인한다.

(2) 뚫어뻥 사용

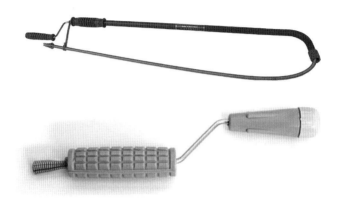

철심을 뽑아 배구관에 끝까지 밀어 넣은 다음 손잡이를 여러 번 돌려서 철심을 빼내면 이 물질이 엉겨붙어 따라나오게 된다. 인터넷 쇼핑 검색을 보면 여러 종류의 제품들이 있으므로 적당한 것으로 구입하여 비치하여 놓으면 필요 시 사용할 수가 있다.

(3) 스프링 관통기

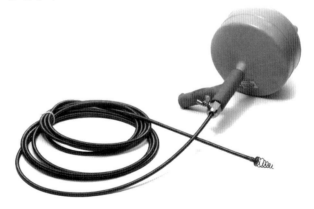

막힘 현상이 심하여 (1) (2) 번으로 해결이 안 될 때 전문가에게 의뢰하면 소지하고 오는 것이 스프링 관통기이다. 5M~10M 정도의 깊이까지 관통을 할 수 있으며 철심을 밀어넣는 것과 손잡이를 돌리면 투입이 되는 것도 있다. 가격이 비싼 편은 아니므로 한 대 정도 비치하여 놓으면 배수구 막힘 현상은 직접 해결할 수가 있다.

2. 막힌 변기 처리 방법

객실 청소 중에서 가장 빈번한 골칫거리 및 시급히 우선 해결해야 할 문제가 화장실 변기 막힘 청소이다. 이 경우 비용 문제로 인하여 빈번히 의뢰를 할 수 있는 문제도 아니고 작업 도구를 하나 이상은 필수적으로 준비하여 직접 해결해보라 권하고 싶다. 그러므로 배수구의 막히는 원인 및 모텔에 적합한 화장실 변기 청소 도구의 필수품과 사용법을 한번 살펴보기로 한다.

원인

1. 칫솔, 치약, 비누가 변기에 들어 있는 상태에서 물을 내린 경우.

2. 사용하고 난 텍스를 버려 걸린 경우.

3. 마구 잡아 당겨쓴 휴지를 버린 경우.

4. 돌돌 말아 놓은 여성 생리대.

5. 종이 팩이나 기타 비품 등을 넣어 놓고 물을 내려 걸린 경우 등 대

부분 심각하게 변기가 막히는 원인은 위와 같다.

공통점이 바로 칫솔, 생리대와 같은 제품들이 배수관에 걸려 그 위로 이물질들이 쌓이고 쌓여서 막혀 버리게 되는데 이런 상황에서 압축기를 사용한다면 절대 뚫릴 리가 없다. 이 경우, 배수구 막힘 때 사용하는 뚫어뻥이나 스프링 관통기 혹은 좌변 관통기를 사용하여야 한다. 좌변 관통기는 막힌 좌변기 오물제거 및 관통 시에 가장 편리한 제품이다. 사용법은 먼저 스프링을 파이프 꺾이는 부분까지 하수구에 밀어 넣고 위에서 서서히 힘을 가해 시계방향으로 돌리면서 밀어 넣으면 되며, 가볍게 돌려주기만 하면 대부분 칫솔, 생리대 등의 제품들이 걸려서 밖으로 밀려 나오게 된다. 더 좋은 방법은 최근에 많이 사용하는 미스터 펑이란 것이 있다. 관통기보다 효과가 더 좋으며 웬만한 것은 거의 해결이 된다. 만약 온갖 수단과 방법을 동원했는데도 뚫리지 않는 변기가 있다면, 세면실 바닥과 좌변기를 분리하여 이물질을 제거해야 한다. 위에서 언급한 방법 이외의 처방도 간략히 소개해보자면 다음과 같다.

가. 변기의 구조

이물질로 말미암아 막히는 이유를 알려면 변기 구조를 먼저 이해할 필요가 있다.

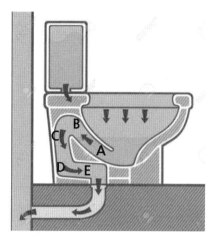

변기 단면도

사진에서 보게 되면 변기는 우리가 일반적으로 내려다보면 보이는 변기 구멍에서 바로 오수관, 즉 변 배관으로 직선으로 연결되는 것이 아니라, 트랩 형태의 구조로 되어 있다. 쉽게 말해 굴곡이 여러 번 있다는 것이다. 이런 구조인 이유는 냄새 방지와 기타 해충들이 올라오는 것을 차단하기 위해서이다.

그러므로 구조상 사진 C, D 부분에 물건이나 다른 이물질들이 걸리게 되고 변기 투입구보다 후면 마지막 나가는 구멍이 더 작기 때문에 일반적으로 들어간 물건을 변기 밖으로 내보내는 것은 어렵다.

나. 해결책

변기에 물건이나 다른 이물질이 들어가는 경우도 종종 발생한다. 모텔의 경우는 전문가를 일일이 부를 수가 없기 때문에 관리자가 전문가 수준이 되는 것이 좋으며 자체적으로 해결할 수 있는 방향을 찾아야 한다.

증상에 따라 해결 방법은 다르지만 변기에 끼인 물건을 변기 밖으로 내보내는 것이 아니라 다시 회수하는 것이 최선의 방법이며, 보유하고 있는 변기 뚫는 도구로 억지로 밀어서 변기 후면으로 내보내겠다는 생각은 금물이다. 이유는 압축된 힘을 계속 가하다 보면 이물질을 변기 굴곡 부분에 더 심하게 끼이게 하기 때문이며, 그렇게 되면 전문가용 장비로 간단히 해결할 수 있는 문제를 변기를 뜯거나 심지어 뜯어도 꺼내기 어려운 상황까지 발생할 수 있다.

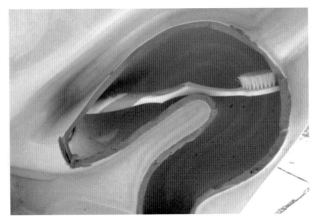

변기 B, C에 칫솔이 걸린 예

(1) 압축기를 이용하는 방법

압축기는 인터넷이나 철물점에서 손쉽게 살 수 있는 도구이다. 종류가 여러 가지 있으므로 압축 힘이 강한 것을 구입 하는 것이 좋으며 칫솔이나 면도기 케이스 등 플라스틱 이물질 등을 끄집어낼 때 앞의 변기 단면도 A, B 정도에 걸린 이물질은 압축기를 이용하면 보다 쉽게 성공할 수 있다. 먼저 압축기로 변기 구멍을 잘 막고 물을 내려 가득 채운다. 어느 정도 물이 차면 압축기의 한 부분을 살짝 들어 물을 내려가게 하면서 동시에 당겨져 있는 손잡이를 강하게, 아주 강하게 잡아당긴다. 첫 시도에 성공하지 못하면 순서대로 다시 해본다. 압축기의 고무 부분을 변기 구멍에 잘 맞게 놓는 것도 중요하다.

압축기로 구멍을 막고, 물을 내린다. 물이 차오르면, 압축기 한쪽을 들어 물을 내려 보내며 동시에 힘차게 펌프질하여 뚫는다.

(2) 관통기 이용하는 방법

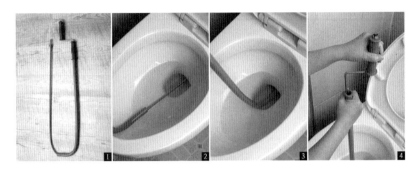

단단한 관에 유연성이 좋은 긴 스프링이 달려 있어 'U'자 또는 'S'자 모양으로 휘어 있는 변기 하수관을 따라 자유자재로 움직이며 막힌 부분을 뚫어준다. 아래쪽 손잡이를 한 손으로 지지하고, 다른 손으로 상측 손잡이를 잡고 변기 구멍에 스프링 부분을 넣어 돌려주면 스프링이 관을 따라 들어간다. 보통 배관공들이 사용하는 도구가 바로 이 관통기다. 다른 변기 뚫는 도구에 비해 효과는 좋지만, 스프링이 빠져 나올 때 오물이 같이 나오는 경우가 있어 조심하여야 한다.

관통기의 관을 변기 구멍에 넣고 손잡이를 돌리면서 스프링을 밀어 넣으면 변기가 뚫린다. 제일 효과가 좋은 방법은 관통기 사용이고 상황에 따라서 위의 여러 가지 방법을 통하여 직접 시도해보면 대부분의 경우 거의 해결이 가능하다.

(3) 미스터 펑 이용하는 방법

관통기 사용으로 해결이 안 되면 이 방법을 쓰는 것도 좋다. 최근에 많이 구매하여 사용하는 것으로 관통기보다 효능이 훨씬 낫다.

미스터 펑은 변기용뿐만 아니라 세면대, 싱크대용도 있으며 힘들일 필요 없이 쉽게 할 수 있다.

탄산 실린더를 장착하고 물을 채운 상태에서 변기 구멍에 깊숙이 넣고 양손으로 꽉 잡아준다. 진동이 있으므로 단단하게 잡은 후 미스터 펑 본체를 두 손으로 힘껏 고정하고 버튼을 누르면 시원하게 막힌 변기를 뚫을 수 있다.

(4) 변기 분해

위의 (1)~(3)번 까지 시도 하였음에도 불구하고 해결이 안될 경우에는 변기를 분해하여 보는 방법이 있다. 분해 및 조립은 초보자라도 쉽게 할 수 있고 시간이 많이 소요되는 경우도 아니므로 분해하여 밑에서 관통기 등을 사용하여 막힘 현상을 해결하여 봄 직 하다. 전문가를 통하면 하루 일당을 지급해야한다.

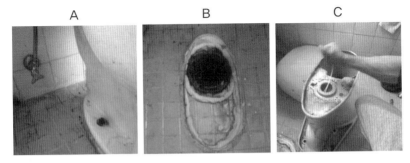

(A) 양변기 밑의 양쪽에 있는 볼트를 풀고 양변기를 들어 낸다.
(B) 들어 냈을 때 보이는 매설된 배관
(C) 들어낸 양변기를 뒤집어 뚫어뻥이나 관통기를 사용하여 본다.

위의 (1)~(4) 번의 방법을 이용하면 변기 막힘 현상은 거의 다 해결할 수가 있다.

만약 변기에 문제가 있는 것이 아니라 매설 된 배관이 막혀서 물이 내려가지 않는 것이라면, 그때는 설비업자를 불러서 손을 봐야 하며 그분들이 직접 진동식 배관 뚫는 장비를 가져와서 막힌 부분을 뚫어야 한다. 변기막힘은 객실을 판매할 수 없는 상황 이므로 어떠한 방법이든 신속하고 즉각적인 조치가 필요 하다.

(6) 변기 시트 이탈 문제

변기 막힘이 아닌 자주 발생되는 문제가 변기 시트 탈락 현상이다. 변기는 오래 사용하다 보면 변기시트가 헐거워 지며 자주 탈락을 하는 현상이 발생하게 된다. 앉는 부분 양변기 밑으로 손을 넣어보면 변기 시트를 조립한 볼트를 발견 하게 된다. 이곳을 풀어서 변기 시트를 정 위치에 놓고 다시 조립을 하여 주면 된다. 필자도 이것을 몰라 모텔 운영 초기에는 탈락된 상태에서 그냥 끼워 맞추다보니 불 안정하여 며칠 지나면 다시 또 탈락 되는 현상이 계속적으로 반복이 된 경우가 있었다. 변기 시트를 고정하는 고리나 볼트가 마모 되었다면 인터넷 사이트상으로 필요 부품을 구입 할 수 있으며, 아니면 변기 시트를 통째로 구입하여 교체를 하면 된다.

위에 언급한 것들은 타인에 의뢰 시 출장비와 인건비가 의외로 만만치 않은데 막상 해결에 필요한 시간은 수십 분에 지나지 않으므로 모텔 운영 시 가장 아까운 비용이 이런 종류의 지출이다. 운영자나 관리자가 직접 시도를 하여 비용을 절감하여야 하는 부분이다.

3. 욕실 환풍기 소음 처리법

환풍기의 버튼은 통상 욕실 on-off 버튼과 함께 위, 아래에 있는 경우가 많다. 원하지 않아도, 손님이 무의식적으로 동작해볼 수 있으며 이때 작동이 된다. 욕실에 설치된 천장의 소형 환풍기는 오래되면 모터에서 소리가 나게 되며, 욕조에서 지친 피로를 풀려는 손님에게 시끄럽게 돌아가는 환풍기 소음은 최저의 서비스이기도 하다.

정기적인 점검과 청소 및 관리를 잘해 주어야 하며 제품에 결함이 발생하면 지체하지 말고 교체하여야 한다.

그러면 매우 간단한 욕실환풍기 관리 요령을 알아보기로 한다.

먼저 환풍기 커버를 벗겨 내어 팬을 분리하고 더운물에 담가 솔로 찌든 때를 제거해야 하며 3~4개월에 한 번씩 청소해주면 아무 문제가 발생하지 않는다. 그러나 이처럼 주기적으로 관리하기는 쉽지 않다. 욕실에 환풍기 소음은 어째서 생기는 것인가, 원인이야 여러 종류가 있겠지만, 일단 수리 업체부터 부를 생각을 하지 말고 간단한 처리 방법으로 문제점을 해결하여 보면 된다. 욕실마다 붙어 있는 환풍기를 일일이 수리 의뢰를 하다 보면 지출 비용 또한 무시할 수 없기 때문이다.

분해하지 않고 해볼 수 있는 방법

1. 소음이 날 때 환풍기 커버를 이곳저곳 손으로 눌러본다. 벽에 구멍을 내지 않고 천장에 같이 마감된 경우 환풍기 커버가 탈착이되어 흔들림에 의하여 소리가 날 수도 있다. 이런 경우 탈착부분을 조여주어야 한다.

2. 간혹 모터가 헛돌아 가서 소음이 발생하기도 하므로, 환풍기 모터가 몸체에 꽉 조여져 있는지 확인해 본다. 모터 고정나사가 있고, 모터 축을 고정해주는 나사가 있는데, 이것을 확인해주어야 한다. 쉴 새 없이 돌아가는 모터에 나사가 풀릴 수도 있기 때문이다.

3. 찌든 때에 이물질까지 껴서 잡소리가 나는 경우가 제일 많고, 모터가 고장이 나서 소음이 발생할 수가 있다.

이물질 제거를 위한 방법을 그림으로 소개해보자면

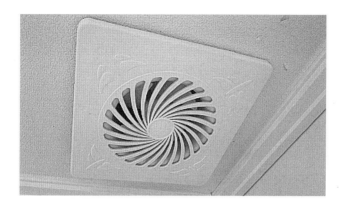

상단에 보면 환풍기가 이런 모양으로 달려 있다. 시공 업체마다 제품이 다르므로 모양은 다를 수 있지만, 과감히 뜯어서 시도 해보기를 권한다. 화장실 습기도 여기를 통하여 빠져나가므로 곰팡이가 필수도 있고 여러 먼지 때문에 한 번씩 깔끔하게 청소를 해주는 것이 좋다.

1. 환풍기 뚜껑 제거(대부분 고리 형식으로 되어 있어 잡아당기면 빠진다. 뚜껑을 제거하면 프로펠러가 나온다.)

2. 프로펠러를 잡고 밑으로 뽑아 내린다.

3. 프로펠러와 뚜껑을 청소한다.

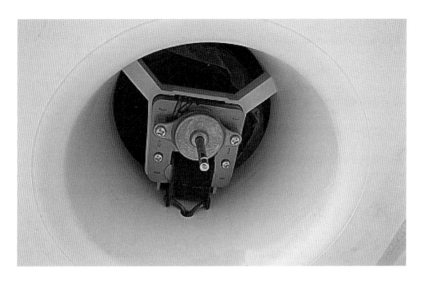

4. 모터의 이물질도 칫솔 등으로 제거한다. 그리고 모터 축 부분 이음매
   와 중앙부분에 그리스를 충분히 발라준다. 처음에는 잘 돌아가지 않
   으나 손으로 회전시켜주면 되며, 그 후에는 역순으로 다시 조립하면
   된다.

그리고 잘못 알고 있는 상식 한 가지는 환풍기에서 소음이 나면 커버
만 벗기고, 팬을 빼낸 후 모터 중앙 베어링 부분에 WD 같은 윤활 스프
레이를 뿌리는 경우가 많은데, 임시방편으로 급하게 사용할 수는 있지
만 기존의 윤활유까지 모두 녹여서 나중에 더 큰 소리가 나거나 모터
가 금방 고장 나게 된다. 또한, 욕실 환풍기 모터 알피엠을 조절하여 속
도를 줄일 수 있을까? 어떤 모델은 조광기를 환풍기에 연결해 가변저
항으로 환풍기 속도를 조절하는 곳이 있는데 임의로 조절을 하면 고장
이 나거나 화재 위험이 있으므로 이것은 기술적인 전문가에게 의뢰하
는 것이 좋다.

일단 정리해 보면, 환풍기의 소음이 심할 때

1. 먼저 환풍기 자체가 천장에 제대로 부착되어 있는지 확인한다.
2. 팬을 분리하고 모터 고정 나사가 잘 쪼여져 있는지 확인한다.
3. 모터 축의 위, 아래, 옆, 중앙에 그리스를 발라 준다.

그래도 소음이 없어지지 않으면 사제품으로 교환하는 것이 좋다.

4. 객실관리시스템, 보일러, 컴퓨터, TV, 냉장고, 세탁기, 에어컨

모텔에는 내부에 다양한 제품들이 있다. 위에 쓴 것들이라 말할 수 있는데 대부분 운영자나 직원이 직접 해결할 수 없는 부분이 많이 있다. 어느 한 제품이라도 작동이 안 될 경우 객실을 판매하기가 힘든 상황이 발생되고 만다. 매달 어느 정도 예비비를 충당하여 신속히 해결하는 것이 가장 좋은 방법이며 비록 원론적인 말 일지라도 간단하게 언급하여 보기로 한다.

가. 객실관리 시스템

프런트의 컴퓨터를 통하여 모텔 객실의 상황을 체크인부터 체크아웃까지 모든 업무를 효율적으로 제어하며 객실제어, 전원제어, 객실서비스, 판매관리까지 객실관리 프로그램을 통하여 업무를 수행할 수 있다. 프로그램의 옵션에 따라 여러 종류이며 작동이 안 될 시에는 설치한 업체의 신속한 A/S를 받아야 한다.

나. 보일러

모텔운영 시 가장 난감하고 당황 되는 때가 겨울철의 보일러 미작동이며 그 순간부터 영업이 정지된다고 보면 된다. 그리고 동절기 정상 작동을 하기 이전에 반드시 사전 점검을 해보는 것이 필수적이다. 물순환이 제대로 안 된다거나 예열이 잘 안 될 경우 원인을 모르는 상태에서 계속 작동을 시키게 되면 전기료 상승 요인이 된다.

겨울철 보일러의 미작동은 숙박 손님의 불평에 의하여 이상 유무를 알게 되는 경우가 많으며 환불 조치 후 퇴실하는 경우가 발생하므로 막대한 손실을 입게 되고 보통 밤 시간에 상황이 많이 발생하므로 즉시 해결이 불가할 경우가 많다. 확인 즉시 제조사나 설치업체에 의뢰하여 해결하도록 하여야 하지만 스케줄 상 지체 될 경우도 있으므로 인접한 수리업체를 하나쯤은 알고 있는 것이 좋다. 익일 오후까지 정상 작동이 될 수 있도록 신속히 대처하여야 한다.

다. 컴퓨터

대부분이 선이나 코드가 빠져 있는 경우가 많으며 본체 내부의 부품 불량일 경우 이다. 후자의 경우 컴퓨터에 지식이 있으면 직접 해결이 가능하지만, 주위에 믿을만한 업체를 선정하여 지속적으로 거래하면 처리도 신속하고 가격도 싸다.

라. TV, 냉장고, 세탁기, 에어컨

제품 대부분이 유명업체인 경우가 많으므로 인터넷을 통하여 제조사의 전문 엔지니어에 출장방문 예약을 하면 된다. 출장비도 매우 저렴하며 부품 교환비도 각 메이커의 매뉴얼에 따라 받기 때문에 믿을 수 있다.

고장 시 가장 신속한 A/S가 이루어지므로 염려가 안 되는 경우이다. 에어컨의 경우 덮개를 분리하고 먼지 제거 등은 수시로 하여 줄 수가 있고 에어컨에서 물이 뚝뚝 떨어질 때는 실내기 내부의 배수구가 막혔을 경우가 많다. 실내기의 배수구가 막혀 물이 떨어지는 일이 종종 발생되며 도배지까지 얼룩지게 하는 수가 있으므로 전문가 방문 시 해결책을 습득하여 놓는 것이 좋다. 이외의 에어컨 고장은 전문가에 의뢰하는 것이 무난한 방법이다.

한 엔지니어가 전 제품을 다 수리하는 경우가 많으므로 친절하고 실력 있는 엔지니어를 선정하여 지속해서 의뢰를 하면 된다.

제6장

알아두어야 할 지식 및 법규

1. 내용증명 작성

　숙박업을 운영을 하다 보면 상대방과의 다툼이 발생할 시 서류상으로 근거를 남겨 놓아야 할 경우가 있다. 내용증명이란 우체국에서 우편물의 내용을 서면으로 증명해주는 제도로 발송인이 우편물의 기재 내용을 훗날 발생 될지 모르는 소송상의 증거 자료로 삼으려고 할 때 이용되며 '언제, 누구에게, 어떤 내용'으로 발송하였는지를 우체국장이 증명하는 제도를 말한다. 내용증명 우편을 보내기 위해서는 똑같은 내용의 문서를 3통 작성해야 하며(1통은 우체국이 보관, 1통은 발신자가 보관, 1통은 수신자에게 발송) 발신인은 3년 이내의 기간에 한하여 우체국에 관련 증명을 요구할 수 있으며 누구나 우체국에서 보낼 수 있다.

　의사 표시란 말로도 할 수 있지만, 문제가 생겼을 경우 이를 증명하기란 매우 난감하다. 문자, 녹음, 카톡 등으로도 증명을 할 수도 있지만, 이와 같은 것은 변조나 위조도 가능하므로 가장 확실한 증명 방법이 내용증명이다. 내용증명은 민사상에 여러 가지의 계약 기간, 취소, 해지, 변제 등의 중요한 의사 표시를 상대방에게 했고, 언제 상대방에게 그 의사 표시가 도달했는지가 중요한 쟁점이 될 때가 많으므로 발신인은 소송 등에 대비하여 내용증명을 보냄으로써, 추후 증거제출을 용이하게 하고 나아가 상대방에게 미리 같은 내용의 문서를 보냈음을 충분히 증명할 수단을 큰 비용 들이지 않고 마련함으로써 상대방의 증거를 감추는 등의 행동을 하지 못하게 억제할 수가 있다.

효력은 수신인이 내용증명을 수취하였고, 내용증명의 내용이 사실임에도 어떠한 조치도 하지 않는 경우에는 증명자료로써 수신인 입장에서는 빼도 박도 못 하게 되며 제일 확실한 증거 자료가 된다. 내용증명 작성 시 뚜렷한 형식이 있는 것은 아니며 의사 표현을 하면 되는 것이다. 발신인, 수신인의 신상명세, 주소 외에 간단한 내용의 실례를 본다면,

가. 임대인의 계약해지

임대인 김일남은 임대 기간이 만료되는 202X년 3월 31일 임차인 김이남과의 임대차계약이 종료됨을 고지 드리오며, 보증금반환과 동시에 전세권말소 및 건물 인도를 요구하는 바입니다.

나. 임차인의 계약해지

임차인 김이남은 귀 소유 ㅇㅇ모텔(소재지: ×××)의 임대 기간 202X년 4월 1일부터 202X년 3월 31일까지의 계약기간 만료로 인한 해지를 통보 드리오며, 202X년 3월 31일 보증금 전액 반환 후 전세권설정 말소 및 건물 인도를 하겠음을 고지 드립니다.

기타 각종 의사 표현을 내용증명으로써 발신인은 수취인에게 통보하면 된다.

2. 건물주의 임차인 명도

계약갱신요구권과는 별개로 건물주와 임차인 간의 계약서상에 기간을 명기하고 제소전화해를 통하여 근거를 남겨 놓는다면 훗날 분쟁이 없이 건물 명도를 할 수 있다. 제소전화해란, 민사분쟁에 대한 소송을 제기하기 전에 화해를 원하는 당사자의 신청으로 지방법원 단독 판사 앞에서 행해지는 화해다. 제소전화해가 성립되면 법원이 화해조서를 작성하고 이 화해조서는 확정판결과 같은 효력을 가진다. 공증을 받더라도 소을 제기해야만 하지만, 계약서 작성 시 제소전화해를 작성하여두면 명도소송 제기 후 판결까지의 오랜 소요기간이 없어지며 바로 강제집행을 할 수 있는 것이다. 다만 무조건 임대인이 유리한 것은 아니며 임차인의 임대보증금 관련 사항, 부속물반환청구권에 대한 내용도 할 수 있다. 계약은 위반이라도 할 수 있지만 제소전화해는 훗날 위반 시 강제집행이므로 유념하여야 한다.

아래 명도계약서 및 제소전화해는 임차인의 건물명도 지연으로 계약 시가 아닌 계약만료에 즈음하여 작성된 것이다.

명도계약서

1. 임대인 김일남과 임차인 김이남은 전북 ○○읍 ○○리 ○○○ 제2호 시멘트벽돌조 슬래브 및 슬레이트 지붕 3층 여관 1층 내지 3층 각 163㎡(○○모텔임. 이하 '이 사건 모텔'이라 함)에 관하여 이미 체결된 임대차계약기간이 2012년 1월 30일로 종료되었음을 확인한다.

2. 임차인 김이남은 2012년 2월 29일까지 임대인 김일남에게 2012년 1월 30일 자로 이 사건 모텔을 명도하고, 이 사건 모텔에 관하여 2009년 1월 30일 ○○지방법원 ○○등기소 접수 제0000호로 경료된 전세권설정등기의 말소등기절차를 이행한다.

3. 임차인 김이남이 제2항의 기간 내에 이 사건 모텔을 명도하고 전세권설정등기의 말소등기절차를 이행하지 아니하는 경우, 임차인 김이남은 이 사건 모텔에 설치되어 있는 물건 및 남아 있는 물건에 관한 일체의 소유권을 포기하고 임대인 또는 임대인이 위임한 사람이 이를 처분하더라도 민형사상 일체의 이의를 제기하지 아니한다.

4. 임차인 김이남은 명도일 이후 임대인 또는 임대인이 위임한 사람의 허락 없이 이 사건 모텔에 출입하지 아니한다.

5. 임차인이 위 명도의무 또는 전세권설정등기말소의무를 불이행하는 경우, 임차인 김이남은 임대인 김일남에게 위약벌로 즉시 2천만 원을 지급한다.

2012년 2월 6일

임차인 : 김이남   서명＿＿＿＿＿＿＿＿＿(인)
임대인 : 김일남   서명＿＿＿＿＿＿＿＿＿(인)

제소전 화해 신청서

신 청 인　　　김일남

피신청인　　　김이남

건물명도 및 전세권설정등기말소

신 청 취 지

1. 피신청인은 2012. 2. 29.까지 신청인에게 별지1 기재 부동산을 명도
   하고, 별지 2 기재 전세권설정등기의 말소등기절차를 이행한다.

2. 피신청인이 제1항 기재 명도의무 및 말소등기의무를 스스로 이
   행하지 아니하는 경우 강제집행과는 별도로 위약벌로서 즉시
   20,000,000원을 신청인에게 지급한다.

3. 화해비용은 각자의 부담으로 한다.
   라는 화해를 구합니다.

신 청 원 인

1. 별지 1 기재 부동산(××모텔)은 피신청인 김이남이 2009년 2월 1일
   부터 2011년 1월 30일까지 2년간 임대차계약을 맺었으며 1년 연장되
   어 2012년 1월 30일 계약이 종료되었습니다. 그와 함께 별지2 기재

전세권설정등기를 경료하였고, 전세 기간이 종료되었습니다.

2. 또한, 신청인은 피신청인에게 계약만료 30일 이전 구두 및 이후의 내용증명을 통하여 계약해지를 통보하였습니다.

3. 이후, 피신청인의 간곡한 요청에 의하여 신청인이 임차 기간을 한 달 연장해주어 피신청인은 상기 건물을 2012년 2월 29일까지 신청인에게 명도하고 전세권설정등기를 말소하기로 약정하였습니다. 위와 같이 신청취지와 같은 당사자 간의 화해 의사가 접근되었으므로 본건 신청에 이른 것입니다.

첨 부 서 류

1. 명도계약서   1통
2. 부동산등기부등본   1통
3. 소가산정자료(시가표준액표) 1통

2012년 2월 7일

○○지방법원 ○○지원 ○○○법원 귀중

3. 지급명령 및 보증금반환소송

모텔의 임대차기간이 만료되고, 임대인의 보증금 미반환으로 인한 임차인의 지급명령청구 후 임대인의 이의제기에 의하여 임대차보증금 반환 소로 전환되어 판결이 끝난 사례를 알아보겠다.

지급명령은 금전 기타의 대체물 또는 유가증권의 일정 수량의 지급을 목적으로 하는 청구에 관해서 채권자의 일방적 신청이 있으면 채무자를 심문하지 않고 채무자에게 그 지급을 명하는 재판이다. 일정 양식에 청구취지, 청구 목적 등을 상세히 기술하여 법원에 제출하면 법원에서 채무자에 지급을 명하고, 이 지급명령에 대하여 이의신청이 없거나 이의신청을 취하하거나 각하결정이 확정된 때는 지급명령이 확정되어 판결과 같은 효력이 발생한다.

지급명령은 채권자의 확실한 근거로써 채무자가 어떠한 이의를 제기할 수 없을 경우 소송보다 비용 및 기간(비용은 소송에 비하여 1/10 정도, 기간은 한두 달 내에 끝남)이 매우 단축되는 효과가 있지만 채권자의 이의가 있을 경우 아무런 효과도 없다.

아래 실례는 모텔의 임대차계약을 2년 하였으나 특약사항으로 1년 후 임차인(원고)이 원하면 계약이 해지될 수 있도록 했는데, 임차인(원고)이 1년 기간 도래 후 계약 해지를 요구하였으나 임대인(피고)이 새로운 임차인도 구하지 못하고 보증금반환도 하지 아니하여 임차인이 기간 만료 후 휴업신고를 하고 지급명령청구를 하였으나 월세 지연 이자 등의 문제로 임대인이 이의제기하여 소로 전환되어 판결이 확장된 건이다.

양자 간에 쟁점은

(1) 원고는 미반환된 보증금에 대한 법정이자와 지연손해금 수령에 있었고

(2) 피고는 건물의 열쇠를 넘겨주지 않았기에 상기 금액을 지급할 의무가 없다는 것이었다.

보증금반환 청구소송판결(모텔)

주문

1. 피고는 원고에게 120,100,000원 및 이에 대하여 2016. 3. 4.부터 2016. 10. 6.까지는 연 5%, 그다음 날부터 다 갚는 날까지는 연 15% 의 각 비율에 의한 금원을 지급하라.

2. 원고의 나머지 청구를 기각한다.

3. 소송비용 중 1/5는 원고가, 나머지는 피고가 부담한다.

4. 제1항은 가집행할 수 있다.

청구취지

피고는 원고에게 150,000,000원 및 이에 대하여 이 사건 지급명령 정본 송달 다음 날부터 다 갚는 날까지 연 15%의 비율에 의한 금원을 지급하라.

이유

1. 인정 사실

다음 사실은 당사자 사이에 다툼이 없거나, 갑1 내지 2호 증의 각 기재에 변론 전체의 취지를 종합하여 이를 인정할 수 있다.

가. 원고는 2015. 3. 3. 피고로부터 별지 목록 기재 부동산을, 임차 기간 2015. 3. 3.부터 24개월로 정하여 임차하기로 하는 임대차계약을 체결하면서, 다음과 같은 특약을 하였다.

1) 이 사건 임대차계약 당시 피고는 2016. 2. 27.까지 원고로부터 수령한 보증금 2억 원 중 5,000만 원을 반환하고(특약 제1항), 대신 2016. 3. 1.부터 2017. 2. 28.까지의 월차임은 450만 원으로 증액한다(제2항).

2) 피고는 보증금반환을 담보하기 위하여 이 사건 부동산에 원고 앞으로 전세권설정을 해준다(제3항).

3) 원고가 임대차기간 중 1년(2015. 3. 3.부터 2016. 2. 29.)이 경과한 후 중도에 임대차계약의 해지를 원할 경우 임대차계약을 종료하고, 보증금반환과 전세권설정 등기 해지 등을 동시에 이행한다. 단 해지 3개월 전에 고지해야 한다(제5항).

나. 원고는 임대차계약 즉시 피고에게 임대차보증금 2억 원을 지급하고, 이 사건 부동산에서 ○○모텔이라는 상호로 모텔 영업을 시작하였고, 피고는 보증금반환을 담보하기 위하여 2015. 3. 3.에 이 사건 부동산에 관하여 전세권자 원고, 전세금 2억 원, 존속기간 2017. 2. 28.까지로 한 전세권설정 등기를 해주었다.

다. 원고는 2015. 9. 30.경에 이르러 피고에게 특약 제5항에 따라 1년의 임대차기간(2016. 2. 29.)이 만료되면 임대차계약을 해지할 것이므로 2016. 2. 29.에 보증금반환과 전세권설정 해지의 동시 이행을 요청하는 내용증명우편을 발송하여 그 무렵 피고에게 도달되었다.

2. 판단

가. 청구원인에 대한 판단

1) 위 인정 사실에 의하면, 이 사건 임대차는 원고가 2015. 9. 30.경 임대차 계약서 특약 제5항에 따라 피고에게 1년 기간이 경과한 2016. 2. 29. 자로 임대차계약을 해지한다는 의사 표시를 함으로써 2016. 2. 29. 자로 적법하게 종료되었다 할 것이다.

2) 한편 임대차계약에 있어 임대차보증금은 미지급 차임 등 임대차계약 종료 후 목적물을 임대인에게 인도할 때까지 발생하는 임대차에 따른 임차인의 모든 채무를 담보하는 것이므로 임대인은 임대차보증금에서 그 피담보채무를 공제한 나머지 돈을 임차인에게 반환할 의무가 있다 할 것인데, 이 사건 임대차보증금 150,000,000원에서 원고가 연체한 월임료와 이에 대한 부가가치세, 연체이자를 공제한 잔액이 120,100,000원인 사실은 당사자 사이에 다툼이 없으므로, 결국 피고가 원고에게 반환하여야 할 임대차보증금 잔액은 120,100,000원이 된다 할 것이다.

나. 피고의 동시이행항변에 대한 판단

1) 피고는, 원고로부터 이 사건 부동산의 인도와 모텔 영업허가권을 양도받음과 동시에 보증금 잔액을 반환할 의무가 있다는 취지의 동시이행항변을 한다.

2) 살피건대, 임대차계약이 종료된 경우 임대인의 임대차보증금 반환 의무와 임차인의 임차목적물 인도의무 등이 동시이행의 관계에 있다

할 것이다. 한편 쌍무계약의 당사자 일방이 자신이 부담하는 의무에 관하여 현실의 제공을 하면 상대방은 수령지체에 빠지게 되고, 나아가 그 이행의 제공이 계속된 경우 상대방이 가지는 동시이행항변권도 소멸한다 할 것이다.

그런데 피고가 주장하는 원고의 이 사건 부동산에 대한 영업허가권의 양도 의무는 피고의 임대차보증금 반환 의무와 동시이행의 관계에 있지 아니하고, 원고의 건물인도의무 및 전세권설정 등기말소의무만 피고의 임차보증금 반환 의무와 동시 이행관계에 있다 할 것인데, 갑 제3 내지 7호 증의 각 기재에, 변론 전체의 취지를 종합하면, 원고가 2015. 9. 30.경 피고에 대하여 2016. 2. 29. 자로 임대차계약을 해지한다는 통보를 한 후 2016. 2. 29.에 건물인도 및 전세권설정 해지와 보증금반환을 동시에 이행하자고 요구하였고, 실제 원고가 2016. 3. 3. 법무사에게 위임하여 전세권말소에 필요한 서류를 작성하게 하고, 그 무렵 인근 모텔에 이 사건 부동산 출입에 필요한 열쇠를 맡겼으며, 2016. 4. 1.경 ○○모텔에 대하여 휴업신고를 한 후 현재까지 피고에게 임대차보증금 반환 청구를 해 오고 있는 사실이 인정되는바, 위 인정사실에 의하면, 원고가 2016. 3. 3.경 전세권말소에 필요한 서류까지 구비한 채 피고에게 자신이 부담하는 건물인도의무 및 전세권설정 등기말소의무에 관하여 현실의 제공을 함으로써 피고가 수령지체에 빠지게 되었다고 할 것이고, 그와 같은 원고의 이행제공이 현재까지 지속되고 있으므로 적어도 2016. 3. 3.에는 피고의 동시이행항변권이 소멸하였다고 봄이 타당하므로, 피고의 위 항변은 이유 없다.

다. 소결론

따라서 피고는 원고에게 임대차보증금 잔액 120,100,000원 및 이에 대하여 피고가 동시이행항변권을 상실한 다음 날인 2016. 3. 4.부터 피고가 이행 의무의 존부와 범위에 관하여 항쟁함이 상당한 2016. 10. 6.까지는 민법이 정한 연 5%, 그다음 날부터 다 갚는 날까지는 소송촉진 등에 관한 특례법이 정한 연 15%의 각 비율에 의한 지연손해금을 지급할 의무가 있다.

3. 결론

그렇다면, 원고의 이 사건 청구는 위 인정범위 내에서 이유 있어 이를 인용하고 나머지 청구는 이유 없어 이를 기각하기로 하여 주문과 같이 판결한다.

(인천지법 2016가단 26692 임대차보증금)

참고로, 위의 15%는 2019년 5월 21일 자로 12%로 개정되었다

4. 건물사용 지장 시 임차인의 차임지급 및 임대인 책임 시 손해배상범위

　임대차계약에 있어서 목적물을 사용·수익하게 할 임대인의 의무와 임차인의 차임지급의무는 상호 대응관계에 있으므로 임대인이 목적물을 사용·수익하게 할 의무를 불이행하여 임차인이 목적물을 전혀 사용할 수 없을 경우에는 임차인은 차임 전부의 지급을 거절 할 수 있으나, 목적물의 사용·수익이 부분적으로 지장이 있는 상태인 경우에는 그 지장의 한도 내에서 차임의 지급을 거절할 수 있을 뿐 그 전부의 지급을 거절할 수는 없다(대법원 96다44778 판결 건물명도·손해배상).

　임대인의 방해행위로 임차인의 임대차 목적물에 대한 임차권에 기한 사용·수익이 사회통념상 불가능하게 됨으로써 임대인의 귀책사유에 의하여 임대인으로서의 의무가 이행불능되어 임대차계약이 종료되었다고 하는 경우에도, 임대인이나 제3자의 귀책사유로 그 임대차계약의 목적물이 멸실되어 임대인의 이행불능 등으로 임대차계약이 종료되는 경우와 마찬가지로, 임차인으로서는 임대인에 대하여 그 임대차보증금 반환청구권을 행사할 수 있고 그 이후의 차임 지급의무를 면하는 한편 다른 특별한 사정이 없는 한 그 임대차 목적물을 대신할 다른 목적물을 마련하기 위하여 합리적으로 필요한 기간에 그 목적물을 이용하여 영업을 계속하였더라면 얻을 수 있었던 이익, 즉 휴업손해를 그에 대한 증명이 가능한 한 통상의 손해로서 배상을 받을 수 있을 뿐이며 그

밖에 다른 대체 건물로 이전하는 데에 필요한 부동산중개료, 이사비용 등은 별론으로 한다. 더 나아가 장래 그 목적물의 임대차기간 만료 시까지 계속해서 그 목적물을 사용·수익할 수 없으므로 인한 일실수입 손해는 이를 별도의 손해로서 그 배상을 청구할 수 없다(대법원 2005다16591 판결 손해배상).

5. 임대인의 수선의무 범위

임대차계약에 있어서 임대인은 목적물을 계약 존속 중 그 사용·수익에 필요한 상태를 유지하게 할 의무를 부담하는 것이므로, 목적물에 파손 또는 장해가 생긴 경우 그것이 임차인이 별비용을 들이지 아니하고도 손쉽게 고칠 수 있을 정도의 사소한 것이어서 임차인의 사용·수익을 방해할 정도의 것이 아니라면 임대인은 수선의무를 부담하지 않지만, 그것을 수선하지 아니하면 임차인이 계약에 의하여 정해진 목적에 따라 사용·수익할 수 없는 상태로 될 정도의 것이라면 임대인은 그 수선의무를 부담한다.

임대인의 수선의무는 특약에 의하여 이를 면제하거나 임차인의 부담으로 돌릴 수 있으나, 그러한 특약에서 수선의무의 범위를 명시하고 있는 등의 특별한 사정이 없는 한, 그러한 특약에 의하여 임대인이 수선의무를 면하거나 임차인이 그 수선의무를 부담하게 되는 것은 통상 생길 수 있는 파손의 수선 등 소규모의 수선에 한한다 할 것이고, 대파손의 수리, 건물의 주요 구성부분에 대한 대수선, 기본적 설비부분의 교체 등과 같은 대규모의 수선은 이에 포함되지 아니하고 여전히 임대인이 그 수선의무를 부담한다고 해석함이 상당하다(대법원 94다34692 판결 보증금 등, 건물명도 등).

6. 임차인의 차임연체 및 차임지급여부 입증 책임

임차인의 차임지급 의무는 임대인에게는 차임지급청구권이 되는데 만약 임차인이 임차 목적물을 사용 수익하는 데 지장이 없는데도 차임을 제대로 지급하지 않았다면 임대인은 그 대응으로 임대차 계약을 해지할 수 있다. 민법 제640조에는 "임차인이 차임을 2기에 이르도록 연체하였을 경우에는 임대인은 계약 해지를 할 수 있다." 상가건물임대차보호법 제10조의8에도 "임차인의 차임연체액이 3기의 차임액에 해당하는 때에는 임대인은 계약을 해지할 수 있다."라고 규정하고 있다. 하지만, 임차인은 영업이 잘되지 않는다고 차임을 연체한 체 임차보증금에서 연체차임을 공제하도록 임대인에게 요구하는 경우도 있다. 이 경우 임대인은 손해배상 차원에서 우선 보증금으로부터 공제도 하지만 원칙적으로는 임대인에게 담보력과 이자수익의 감소를 초래하기 때문에 인정되지 않는다.

단, 부동산의 임대차에서 보증금은 연체된 임대료 등 임대차로 인한 일체의 임대인 채권을 담보하기 위하여 임차인으로부터 임대인에게 교부되는 금전으로서, 임대차기간이 종료하여 임대인이 목적물을 반환받을 때에는 명백하고도 명시적인 반대의 약정이 없는 한 임대차로 인한 임대인의 모든 채권액은 보증금으로부터 당연히 공제된다(대법원 86다카2865 판결 전세보증금반환약정금).

참고로, 임대차계약이 종료되었으나 그 목적물이 명도되지 않은 경우, 임차인이 임대차보증금이 있음을 이유로 연체차임의 지급을 거절할 수 있는지 여부(소극) 및 임대차보증금액보다 임차인의 채무액이 많은 경우, 변제충당의 방법에 관하여는 임대차보증금은 임대차계약이 종료된 후 임차인이 목적물을 인도할 때까지 발생하는 차임 및 기타 임차인의 채무를 담보하는 것으로서, 그 피담보채무액은 임대차관계의 종료 후 목적물이 반환될 때에 특별한 사정이 없는 한 별도의 의사표시 없이 임대차보증금에서 당연히 공제되는 것이므로, 특별한 사정이 없는 한 임대차계약이 종료되었다 하더라도 목적물이 명도되지 않았다면 임차인은 임대차보증금이 있음을 이유로 연체차임의 지급을 거절할 수 없는 것이고, 또한 임대차보증금액보다도 임차인의 채무액이 많은 경우에는 민법 제477조에서 정하고 있는 법정충당순서에 따라야 하는 것이다(대법원 2007다21856 판결 임대차보증금·손해배상).

임대차계약에 있어서 차임의 지급이 약정되어 있어 일단 임대차보증금이 담보하는 차임 지급채무가 발생하고 있는 이상 차임이 모두 지급되어 그 채무가 소멸하였다는 사실은 그 보증금의 반환을 구하는 원고(임차인)가 이를 주장·입증하여야 한다(대법원 선고 78다2084 판결 해약금).

7, 지연이자 계산하는 방법

임대를 놓을 시 월세를 미납하면 지연 이자를 계약서상에 넣는 수가 있다. 금융권에서 흔히 사용하는 복리라는 것은 복잡하고 이자 금액도 많이 나온다. 계약서를 쓸 때 굳이 「복리」를 명시 하지 않는 한 모두 단리가 된다. 계약서뿐만 아니라 일상생활의 금전적인 거래에 모두 공용으로 해당한다. 그러나 단리라는 것, 알지 못하면 일반적으로 오류를 범하기 쉽다. 예를 들어, 보증금 3억에 월세 1,000만 원으로 임차하고 계약서상에 월세 연체 시 월 2%의 지연이자를 지불키로 한다고 명시가 되었을 경우 6개월을 연체한다면 지연이자는 얼마가 나오는지 정확한 계산법을 보기로 한다. 계약서상에 복리라 명기하지 않았으므로 일반적인 단리 계산법이다.

지연이자 계산법 (6개월 지연 시)	
잘못된 방법	정확한 방법
① 1,000만 원x2%=20만 원	① 1,000만 원x2%x6=120만 원
② 1,000만 원x2%=20만 원	② 1,000만 원x2%x5=100만 원
③ 1,000만 원x2%=20만 원	③ 1,000만 원x2%x4=80만 원
④ 1,000만 원x2%=20만 원	④ 1,000만 원x2%x3=60만 원
⑤ 1,000만 원x2%=20만 원	⑤ 1,000만 원x2%x2=40만 원
⑥ 1,000만 원x2%=20만 원	⑥ 1,000만 원x2%x1=20만 원
합계 ①~⑥ 120만 원	합계 ①~⑥ 420만 원

잘못된 방법으로 인지하면 이자가 그리 많지 않다. 보증금 반환 쟁점 시 법원에서 판결받은 우측 계산법이 정확한 계산법이다.

8. 필요비, 유익비, 부속물매수 청구권

필요비, 유익비, 부속물 매수청구권이란 임대차관계에 있어서 상당히 중요한 부분을 차지한다. 임차물의 보존에 관한 시설과 보수 문제에 대하여는 비용의 지불문제로 당사자 간에 종종 마찰이 발생하기도 한다. 다음 사항의 기본적인 내용을 숙지한다면 많은 도움이 될 것으로 사료된다.

가. 필요비

점유자가 점유물을 반환할 때에는 회복자에 대하여 점유물을 보존하기 위하여 지출한 금액 기타 필요비의 상환을 청구할 수 있다.

그러나 점유자가 과실을 취득한 경우에는 통상의 필요비는 청구하지 못한다(민법 제203조 제1항).

민법상 임대차관계에 있어서 임차인이 임차물의 보존에 관한 필요비를 지출한 때에는 임대차의 종료 여부와 상관없이 임대인에 대하여 그 상환을 청구할 수 있으며, 임대인은 이를 상환하여야 하는데, 이를 필요비용이라고 한다.

- 필요비는 임대인의 사용, 수익하게 할 채무의 내용이므로 임대인의

부담에 속하나 특약으로 임차인이 부담하기로 하여도 무방하다.

- 필요비의 범위는 단순히 목적물 자체의 원상을 유지하거나 그 원상을 회복하는 비용에 한하지 않고 목적물을 통상의 용도에 적합한 상태로 보존하기 위하여 지출된 비용을 포함한다.

여기서 말하는 필요비란 임차물의 보존에 필요한 비용을 말한다. 노후된 보일러 수리비, 배수가 되지 않는 하수도관, 출입문 보수비 등을 말하는데, 임차인이 이에 대한 비용을 지출한 경우에는 임대인에게 상환청구를 할 수 있다. 그러나 필요비도 임차인이 임차물의 보존, 관리에 관한 필요성으로 지출한 것이 아니라 임차인 자신의 영업상 필요에 의하여 지출한 경우에는 임대인에게 청구할 수가 없다.

나. 유익비

점유자가 점유물을 개량하기 위하여 지출한 금액 기타 유익비에 관하여는 그 가액의 증가가 현존한 때에만 회복자의 선택에 좋아 그 지출금액이나 증가액의 상환을 청구할 수 있다. (민법 제203조 제2항)

임대차목적물의 사용·수익과 관련하여 목적물의 객관적 가치증가를 위하여 지출한 비용을 말하며, 이는 본래 임대인이 지출하여야 하는 것은 아니나 목적물의 객관적 가치가 증가한 때에는 부당이득이 되어 임대차종료 시에 그 가액의 증가가 현존하는 때에 한하여 임차인이 지출한 금액이나 그 증가액을 상환하여야 한다.

임대인은 임차인이 유익비를 지출한 경우 그 청구에 대해 상환을 하여야 하는데 상환금액은 임차인이 지출한 금액과 현존 증가액 중 그 선택을 임대인이 할 수 있다.

종종 임차인이 이 두 가지 중 높은 금액을 선택하여 청구하는 경우가 있는데 민법 제626조 제2항에는 "임차인이 유익비를 지출한 경우에는 임대인은 임대차종료 시에 그 가액의 증가가 현존한 때에 한하여 임차인의 지출한 금액이나 그 증가액을 상환하여야 한다. 이 경우에 법원은 임대인의 청구에 의하여 상당한 상환기간을 허여할 수 있다."고 규정하고 있으므로 유익비의 상환주체는 임대인이고 그 상환금액의 선택도 임대인이라 할 수 있는 것이다.

- 이러한 필요비 및 유익비의 상환청구권은 임대인이 목적물을 반환받은 날로부터 6개월 내에 행사하여야 한다.

- 임차인은 비용상환청구권(필요비와 유익비) 관하여 유치권을 가진다. 이러한 비용상환청구권은 강행규정이 아니며 당사자의 특약으로 포기할 수 있다.

필요비나 유익비의 비용상환청구권에 대하여는 유치권이 발생하므로 비용상환이 지체된 경우 임차인이 유치권을 행사하여 명도를 거부할 수 있다. 임대차 기간이 만료된 후에 지출한 비용은 불법점유이므로 유치권이 생기지 않는다. 비용상환청구권에 관한 규정은 강행규정이 아니므로 당사자 사이의 약정으로 포기할 수 있다.

통상의 임대차계약서에 필요비와 유익비 상환청구권을 포기한다고 기재하는 경우가 많은데, 본래 임대인에게 수선의무가 있는데도 필요비 상환청구권까지 포기하게 하는 것은 부당하고 특히 약관인 경우 무효라고 본다. 따라서 임차인은 적절히 수정을 요구하는 등 대응을 할 필요가 있다.

하지만 임차물과 분리 독립하여 임차인이 가져갈 수 있거나 영업상 필요에 의하여 설치한 것은 필요비나 유익비가 아니다. 예를 들면, 에어컨, 냉장고, TV, 침구류, 비품류, 장식품, 영업상 필요에 의한 간판, 네온사인 설치 등은 건물과 독립된 물건으로 임차인이 수거하면 되므로 유익비에 해당하지 않는다.

다. 부속물 매수 청구권

건물 기타 공작물의 임차인이 그 사용의 편익을 위하여 임대인의 동의를 얻어 이에 부속한 물건이 있는 때에는 임대차의 종료 시에 임대인에 대하여 그 부속물의 매수를 청구할 수 있다. 임대인으로부터 매수한 부속물에 대하여도 같다(민법 제646조).

민법 제646조가 규정하는 매수청구의 대상이 되는 부속물이란 건물에 부속된 물건으로서 임차인의 소유에 속하고, 건물의 구성부분으로는 되지 아니한 것으로서 건물의 사용에 객관적인 편익을 가져오게 하는 물건이라 할 것이므로, 부속된 물건이 오로지 임차인의 특수목적에 사용하기 위하여 부속된 것일 때에는 이에 해당하지 않는다고 할 것이고, 당해 건물의 객관적인 사용 목적은 그 건물 자체의 구조와 임대차 계약 당시 당사자 사이에 합의된 사용 목적, 기타 건물의 위치, 주위환경 등 제반사정을 참작하여 정하여지는 것이다.

즉, 임대인의 동의를 얻어 설치한 임대차 기간 만료일 현재 남아있는 건물의 객관적 편익이나 가치를 증대시키는 난방용 기름 보일러, 옥상 온수 보일러 등과 같은 독립된 물건은 부속물 매수청구권의 대상이 된다. 그러나 임대차계약이 임차인의 채무불이행으로 인하여 해지된 경우에는 부속물매수권을 청구할 수 없다.

9. 임차인의 원상회복 범위

"임대기간이 만료될 시에는 원상복구한다."라는 내용이 계약서에 있을 경우 임차인이 목적물을 인도할 때 종종 임대인과 분쟁이 발생한다.

원상회복의 정도와 범위에 따라 적지않게 마찰이 생긴다. 이와같은 분쟁은 원상회복의 범위가 어디까지인지 당사자 간에 합의점이 없기 때문인데 구체적인 원상회복의 범위는 판례에서 다음과 같이 정하고 있다.

임대인, 임차인 간에 원상회복에 관하여 어떠한 약정이 있었는지 있었다면 그 내용과 취지는 무엇인지, 임차인이 임차할 당시의 목적물의 상태는 어떠하였고 임차인이 개조 단장한 시설은 어느 것이며 임대인이 요구한 원상회복의 범위는 어느 정도의 것이었는지, 그리고 실제로 임차인이 원상회복을 한 것은 어떤 것이었는지를 심리, 확정하여 이에 터잡아 임차인의 원상회복의 이행 여부나 손해배상책임의 유무 또는 그 범위를 판단하여야 할 것이다(대법원 선고 90다카 12035 판결 임차보증금).

통상 모텔의 경우 새로운 인테리어를 하였을 경우 이는 유익비로서 오히려 임대인에게 청구할 수 있는 경우도 있으나(유익비 포기 약정을 한 경우에는 청구할 수 없음) 임차인이 임의로 내부시설을 변경하였을 경우 원상회복의 대상이 될 수도 있다.

10. 임대차에서 생기는 통상의 손모에 관한 원상회복범위

사용에 의하거나 기간의 경과로 인하여 자연적인 변형 또는 가치감소가 된 것에 대한 원상회복의 범위는 그 건물을 사용할 당시보다 나빠졌다 하더라도 원상회복의 필요없이 그대로 반환하면 된다고 명시하고 있다.

임차인은 임대차계약이 종료한 경우에는 임차목적물을 원상회복하여 임대인에게 반환할 의무가 있는데, 원상으로 회복한다고 함은 사회통념상 통상적인 방법으로 사용·수익을 하여 그렇게 될 것인 상태라면 사용을 개시할 당시의 상태보다 나빠지더라도 그대로 반환하면 무방하다는 것으로, 임차인이 통상적인 사용을 한 후에 생기는 임차목적물의 상태 악화나 가치의 감소를 의미하는 통상의 손모에 관하여는 임차인의 귀책사유가 없으므로 그 원상회복비용은 채권법의 일반원칙에 비추어 특약이 없는 한 임대인이 부담한다고 해야 한다. 즉, 임대차계약은 임차인에 의한 임차목적물의 사용과 그 대가로서 임료의 지급을 내용으로 하는 것이고, 임차목적물의 손모 발생은 임대차라고 하는 계약의 본질상 당연하게 예정되어 있다. 이와 같은 이유로 건물의 임대차에서는 임차인이 사회통념상 통상적으로 사용한 경우에 생기는 임차목적물의 상태가 나빠지거나 또는 가치 감소를 의미하는 통상적인 손모에 관한 투하자본의 감가는 일반적으로 임대인이 감가상각비나 수선비 등의 필요경비 상당을 임료에 포함시켜 이를 지급받음으로써 회수하고 있다. 따라서 건물의 임차인에게 건물임대차에서 생기는 통상의 손모에 관해 원상회복의무를 부담시키는 것은 임차인에게 예상하지 않은 특별한 부담을 지우는 것이 되므로, 임차인에게 그와 같은 원상회복의무를 부담시키기 위해서는 적어도 임차인이 원상회복을 위해 그 보수비용을 부담하게 되는 손모의 범위가 임대차계약서의 조항 자체에서 구체적으로 명시되어 있거나, 그렇지 아니하고 임대차계약서에서 분명하지 않은 경우에는 임대인이 말로써 임차인에게 설명하여 임차인이 그 취지를 분명하게 인식하고 그것을 합의의 내용으로 하였다고 인정되는 등 그와 같은 취지의 특약이 명확하게 합의되어 있어야 할 필요가 있다고 해석함이 상당하다(서울중앙지법 2006가합62053 판결 건물명도 등·임대차보증금 반환 등).

11. 원상회복 불이행과 보증금 반환 거절

임차인이 사소한 원상회복의무를 이행하지 아니한 채 건물의 명도 이행을 제공한 경우, 임대인이 이를 이유로 거액의 임대차보증금 전액의 반환을 거부하는 동시이행의 항변권을 행사할 수 있는지 여부

임대차 기간 만료 시 원상회복에 당사자 간에 이의가 있어 원상회복이 되지 않을시 보증금을 반환하지 않겠다고 하는 경우가 있다. 하지만, 이를 이유로 임대인이 임차보증금 전액을 돌려주지 않으면서 원상회복과 동시이행을 주장하는 것은 공평의 관념과 신의칙에 반하여 허용되지 않는다.

동시이행의 항변권은 근본적으로 공평의 관념에 따라 인정되는 것인데, 임차인이 불이행한 원상회복의무가 사소한 부분이고 그로 인한 손해배상액 역시 근소한 금액인 경우에까지 임대인이 그를 이유로, 임차인이 그 원상회복의무를 이행할 때까지, 혹은 임대인이 현실로 목적물의 명도를 받을 때까지 원상회복의무 불이행으로 인한 손해배상액 부분을 넘어서서 거액의 잔존 임대차보증금 전액에 대하여 그 반환을 거부할 수 있다고 하는 것은 오히려 공평의 관념에 반하는 것이 되어 부당하고, 그와 같은 임대인의 동시이행의 항변은 신의칙에 반하는 것이 되어 허용할 수 없다(대법원 99다34697 판결 전세보증금 반환).

12. 임대차 종료후의 계속 점유

임차인이 계약기간이 종료되었음에도 임차목적물을 반환하지 않고 계속 점유하는 경우에는 계약 종료일로부터 명도완료일까지 점유·사용한 데 따른 차임(월 임대료) 상당액의 이득을 얻었을 것이므로 이는 결국 임대인이 입는 손해가 되어 그 해당액을 배상할 책임이 있다. 민법 제741조에도 "법률상 원인 없이 타인의 재산 또는 노무로 인하여 이익을 얻고 이로 인하여 타인에게 손해를 가한 자는 그 이익을 반환하여야 한다."고 규정하고 있다. 그 불법점유로 인한 임대인의 손해액은 특별한 사정이 없는 한 종전의 임료에 상당하는 금액을 기준으로 산정하는 것은 임대차가 종료된 후 바로 타인에게 그 부동산을 임대하였더라도 그 정도의 임료는 받을 수 있었을 것으로 볼 수 있기 때문이다(대법원 1991.9.24. 선고 91다20197 판결참조).

하지만 부당이득의 반환에 있어 이득이라 함은 실질적인 이익을 의미하므로 임차인이 임대차계약관계가 소멸된 이후에도 임차 목적물을 계속 점유하기는 하였으나 이를 본래의 임대차계약상의 목적에 따라 사용·수익하지 아니하여 실질적인 이득을 얻은 바 없는 경우에는 그로 인하여 임대인에게 손해가 발생하였다 하더라도 임차인의 부당이득반환의무는 성립되지 않고 임차인이 자신의 시설물을 반출하지 아니하였다고 하더라도 마찬가지이다.

또한, 임차인이 임차계약 종료 후에도 임대인으로부터 보증금을 돌려받지 못해 임차건물을 계속 점유하였다면 이는 불법점유가 아니므로

임대인에 대해 점유기간 동안의 월세 부담 등 손해배상책임을 질 필요
가 없다(대법원 98다8554 판결참조).

13. 차임연체 시 계약해지

계약의 해지는 당사자 일방이 계약을 해지한 때에는 계약은 장래에
대하여 그 효력을 잃는다(민법 제550조). 임대차 등 계속적 계약관계에
있어서 그 효력을 장래에 향하여 소멸시키는 것으로 계약당사자의 일
방적 의사표시로 장래에 향하여 계약관계의 효력이 발생한다는 점에서
계약해지 이전의 계약관계는 그 효력을 그대로 유지하고 장래의 해지
시점부터 계약관계가 소멸되는 것이다. 민법 제640조에 "건물 기타 공
작물의 임대에 있어서 임차인의 차임연체액이 2기의 차임에 달하는 때
에는 임대인은 계약을 해지할 수 있다."로 되어 있다.

민법의 위 규정은 상가임대차보호법이 적용되지 않는 건물 모두에 적
용되며 모텔은 상가임대차보호법에 적용이 되므로 3기 연체 시 임대인
이 계약을 해지할 수 있다.

이의 취지는 임차인에게도 성실한 차임의 지급의무를 이행하게 할 필
요가 있기 때문이다.

여기서 2기의 차임연체에 달한다는 의미는 차임을 연체한 금액이 합
해서 2개월분이 누적되었을 때 해지할 수 있다는 취지의 강행규정이다.
1기의 차임만 연체해도 해지할 수 있다거나, 임차인에게 불리한 약정은

강행규정에 위배되는 것으로써 무효이다.

'기'란 차임을 주는 간격으로, 일반적으로 월 단위를 의미한다. 만약 분기 단위로 지급하기로 한다면 1기는 3개월에 해당하므로 6개월분 차임을 연체해야 해지를 통보할 수 있다. 연속하여 2기일 필요는 없고, 합계 금액으로 2기 해당 차임을 연체하면 해당된다.

따라서 월 차임 100만 원인데 두 달 연속 50만 원씩 지급했다면 2개월 이상 연체했다고 볼 수 있지만, 연체차임의 합계가 2개월분에 해당되지 않아 임대인은 계약을 해지할 수 없다. 좀 더 부연하자면 1개월 100만 원 연체, 2개월 50만 원 연체(50만 원 납부), 3개월 40만 원 연체(60만 원 납부)인 경우는 총 연체금액이 190만 원이고 2개월분에 해당하는 200만 원을 넘지 않으므로 2개월분 이상의 연체에 해당하지 않는다.

연체기간에 상관없이 2개월 누적 월세분을 연체한 경우만 임대인이 최고(일정한 행위를 하도록 상대방에게 촉구하는 의사의 통지) 없이 계약을 해지할 수 있는데 계약해지 통지하기 전에 연체차임을 임차인이 통장으로 입금하면 계약 해지할 수 있는 권리가 소멸된다. 반대로 임대인이 임차인의 2기 이상의 차임연체로 인하여 계약해지를 원한다면 임차인 쪽에서 어떤 행동이 있기 전에 신속하게 해지통지를 하여야 하며, 해지통지가 도달된 후에는 임차인이 연체분을 갚거나, 혹은 공탁을 하더라도 계약해지는 유효하게 된다.

14. 임대차 묵시적 갱신과 계약갱신요구권

기간만료 시의 계약해지는 임대인과 임차인 양자 간의 합의로써 이루어지는 것이 대부분이지만 기간만료 시 임대차의 해지통보 및 묵시적 갱신 이후의 해지에 관하여 알아보기로 한다.

가. 계약기간 해지

1) 상임법: 임대차 기간이 만료되기 6개월 전부터 1개월 전까지 그사이에 임대인은 임차인에게 갱신 거절의 통지 또는 조건 변경의 통지를 할 수 있다. (제10조4항)

2) 민법: 계약 기간 만료로 해지되며 해지통고의 기간 제한은 없다.

나. 묵시적 갱신

1) 상임법: 임대차 기간이 만료되기 6개월 전부터 1개월 전까지 사이에 임대인이 임차인에게 갱신 거절의 통지 또는 조건 변경의 통지를 하지 않은 경우 전 임대차와 동일한 조건으로 다시 임대차 한 것으로 본다. 이 경우에 임대차의 존속기간은 1년으로 본다. (제10조 제4항) 기간의 정함이 없거나 기간을 1년 미만으로 정한 임대차는 그 기간을 1년으로 본다. 다만, 임차인은 1년 미만으로 정한 기간이 유효함을 주장할 수 있다. (제9조 제1항)

2) 민법: 임대차기간이 만료한 후 임차인이 임차물의 사용, 수익을 계속하는 경우에 임대인이 상당한 기간 내에 이의를 하지 아니한 때에는

전 임대차와 동일한 조건으로 다시 임대차한 것으로 본다. 그러나 당사자는 제635조의 규정에 의하여 해지의 통고를 할 수 있다.(제639조)

다. 묵시적 갱신 이후 해지통고

1) 상임법: 임차인은 언제든지 임대인에게 계약해지의 통고를 할 수 있고, 임대인이 통고를 받은 날부터 3개월이 지나면 효력이 발생한다. (제10조 제5항) 임대인은 계약해지권이 없다.

2) 민법: 당사자는 언제든지 계약해지의 통고를 할 수 있다. 임대인이 해지를 통고한 경우에는 6월, 임차인이 해지를 통고한 경우에는 1월의 기간이 경과하면 해지의 효력이 생긴다. (제635조 제1항, 제2항)

라. 계약갱신요구권과 인정되지 않는 경우

1) 임차인의 계약갱신요구권은 최초의 임대차기간을 포함한 전체 임대차기간이 10년을 초과하지 아니하는 범위에서만 행사할 수 있다. (상임법 제10조2항) 임대인은 임차인이 임대차기간이 만료되기 6개월 전부터 1개월 전까지 사이에 계약갱신을 요구할 경우 정당한 사유 없이 거절하지 못한다. 다만, 다음 각 호의 어느 하나의 경우에는 그러하지 아니하다. (제10조1항) 다음 각 호란 8가지 항목이 규정되어있다.

2) 상임법의 적용대상 환산보증금을 초과하는 임차인은 계약갱신권이 없었는데 상임법 제2조3항에 의거 계약갱신권을 보호받게 되었다. 또한, 소유자가 변경되어도 새로운 소유자에게 그 권리를 주장할 수 있다.

15. 임대인이 월세를 받지 못한 때 세금계산서의 발급 여부

월세를 받지 못하였다 하여 세금계산서발급을 하지 않는 경우가 있는데, 그 대가를 받지 못한 경우에도 세금계산서를 발급한다. 사업자가 부동산임대용역을 계속적으로 공급하고 그 대가를 매월, 매분기, 매반기에 기일을 정하여 받기로 한 경우에 있어서 당해 부동산임대용역의 공급시기는 그 대가의 각 부분을 받기로 한 때가 되는 것이며, 이 경우 일반사업자인 부동산 임대사업자가 그 대가의 각 부분을 받기로 한 때에 그 대가를 받지 못한 경우에도 임차인에게 세금계산서를 교부하여야 하는 것이다.

부연 설명 하자면, 부가가치세법 제16조(용역의공급시기) 제①항에 의하면, "용역이 공급되는 시기는 역무의 제공이 완료되거나 시설물,권리등 재화가 사용되는 때로 한다." 규정되어 있다. 임대인의 경우 임차인이 임차물의 사용 수익을 계속하는 경우 임대료의 납부 지연과 관계없이 그 공급시기에 세금계산서를 발급하고 부가가치세를 신고 납부하여야 한다.

16. 매도 시 양도소득세 필요경비 인정·불인정

모텔은 상가개념이므로 매도 시 양도소득세를 고려하지 않을 수 없다, 양도차익을 계산할 때 부동산의 취득 및 양도와 관련한 계약서상의 금액 외에도 취득 및 양도와 관련하여 직접적으로 발생한 비용은 부동산의 취득가액을 증가시키거나 양도 시의 필요경비로 보아 양도차익계산 때 공제하여 주므로 취득 및 양도와 관련하여 지출한 경비에 대한 세금계산서 및 영수증 등의 증빙을 챙겨서 양도소득세 신고 시 제시하여야 양도소득세를 줄일 수 있다. 이 경우 필요경비로 인정되는 항목을 알아두어 세금계산서를 필히 받아 두어야 한다. 모텔과 연관성이 있는 항목만 추려 보았으며 양도소득세의 비용에 관한 정확한 사항은 세무전문가와 상담하여야 한다.

1) 필요 경비 인정

· 취득세, 등록세
· 세무사, 법무사, 중개사수수료
· 샷시 설치, 방 확장공사 비용
· 상하수도배관공사
· 난방시설교체비용
· 소유권확보 소송비용, 화해비용
· 경매취득 시 유치권변제금액(판결문 첨부 要)
· 경락대금에 불포함된 대항력 있는 전세보증금
· 토지개량을 위한 장애 철거비용
· 불법건축물 철거비용

· 부동산 매각 광고료

· 대신 지급한 매수인 등기비

· 대신 지급한 전 매도인의 양도소득세

· 양수인 부담한 양도자의 연체료

2) 필요경비 불인정

· 벽지·장판 교체비용

· 페인트 및 방수공사비

· 외벽 도색비용

· 보일러 수리비용

· 임차인 퇴거 보상비용

· 금융기관 대출 이자 비용

· 경매 취득시 명도비용

· 은행대출 시 감정비, 해지비

· 경매낙찰금 지연에 따른 이자

· 매매계약 해약으로 인한 위약금

· 세입자에 지출한 철거비용

· 취득세 납부지연 가산세, 연체료

· 토지의 하자를 이유로 지급한 비용

· 경락대금에 불포함된 대항력 없는 전세보증금

17. 숙박업의 행정처분

숙박업에 대표적으로 적용되는 행정처분인 공중위생관리법의 시행규칙 별표 7 행정처분기준 숙박업에 관하여는 숙지할 필요가 있으며 다음과 같다.

[별표 7] 공중위생관리법 시행규칙 [별표 7] 〈개정 2020. 8. 28.〉

행정처분기준(제19조 관련)

I. 일반기준

1. 위반행위가 2 이상인 경우로서 그에 해당하는 각각의 처분기준이 다른 경우에는 그 중 중한 처분기준에 의하되, 2 이상의 처분기준이 영업정지에 해당하는 경우에는 가장 중한 정지처분기간에 나머지 각각의 정지처분기간의 2분의 1을 더하여 처분한다.

2. 행정처분을 하기 위한 절차가 진행되는 기간 중에 반복하여 같은 사항을 위반한 때에는 그 위반횟수마다 행정처분 기준의 2분의 1씩 더하여 처분한다.

3. 위반행위의 차수에 따른 행정처분기준은 최근 1년간(「성매매알선 등 행위의 처벌에 관한 법률」 제4조를 위반하여 관계 행정기관의 장이 행정처분을 요청한 경우에는 최근 3년간) 같은 위반행위로 행정처분을 받은 경우에 이를 적용한다. 이 경우 기간의 계산

은 위반행위에 대하여 행정처분을 받은 날과 그 처분 후 다시 같은 위반행위를 하여 적발된 날(수거검사에 의한 경우에는 해당 검사결과를 처분청이 접수한 날을 말한다)을 기준으로 한다.

4. 제3호에 따라 가중된 행정처분을 하는 경우 가중처분의 적용 차수는 그 위반행위 전 행정처분 차수(제3호에 따른 기간 내에 행정처분이 둘 이상 있었던 경우에는 높은 차수를 말한다)의 다음 차수로 한다.

5. 행정처분권자는 위반사항의 내용으로 보아 그 위반정도가 경미하거나 해당위반사항에 관하여 검사로부터 기소유예의 처분을 받거나 법원으로부터 선고유예의 판결을 받은 때에는 Ⅱ. 개별기준에 불구하고 그 처분기준을 다음의 구분에 따라 경감할 수 있다.

가. 영업정지 및 면허정지의 경우에는 그 처분기준 일수의 2분의 1의 범위안에서 경감할 수 있다.

나. 영업장폐쇄의 경우에는 3월 이상의 영업정지처분으로 경감할 수 있다.

6. 영업정지 1월은 30일을 기준으로 하고, 행정처분기준을 가중하거나 경감하는 경우 1일 미만은 처분기준 산정에서 제외한다.

Ⅱ. 개별기준

1. 숙박업

위반사항	관련 법규	행정처분기준			
		1차 위반	2차 위반	3차 위반	4차 위반
가. 법 제3조제1항 전단에 따른 영업신고를 하지 않거나 시설과 설비기준을 위반한 경우	법 제11조 제1항제1호				
1) 영업신고를 하지 않은 경우		영업장 폐쇄명령			
2) 시설 및 설비기준을 위반한 경우		개선명령	영업정지 15일	영업정지 1월	영업장 폐쇄명령
나. 법 제3조제1항 후단에 따른 변경신고를 하지 않은 경우	법 제11조제1항제2호				
1) 신고를 하지 않고 영업소의 명칭, 상호, 영 제4조제1호 각 목에 따른 숙박업 업종 간 변경을 하였거나 영업장 면적 변경 신고 대상임에도 신고하지 않은 경우		경고 또는 개선명령	영업정지 15일	영업정지 1월	영업장 폐쇄명령
2) 신고를 하지 않고 영업소의 소재지를 변경한 경우		영업정지 1월	영업정지 2월	영업장 폐쇄명령	
다. 법 제3조의2제4항에 따른 지위승계신고를 하지 않은 경우	법 제11조제1항제3호	경고	영업정지 10일	영업정지 1월	영업장 폐쇄명령
라. 법 제4조에 따른 공중위생영업자의 위생관리의무등을 지키지 않은 경우	법 제11조제1항제4호				
1) 객실 및 침구 등의 청결을 유지하지 않거나 욕실 등의 위생관리 및 수질관리에 관한 사항을 준수하지 않은 경우		경고 또는 개선명령	영업정지 5일	영업정지 10일	영업장 폐쇄명령
2) 환기 또는 조명이 불량한 경우		개선명령	영업정지 5일	영업정지 10일	영업장 폐쇄명령
3) 업소내에 숙박업신고증을 게시하지 않거나 접객대에 숙박요금표를 게시하지 않은 경우 또는 게시한 숙박요금과 다른 요금을 받은 경우		경고 또는 개선명령	영업정지 5일	영업정지 10일	영업장 폐쇄명령

위반사항	근거 법조문	1차 위반	2차 위반	3차 위반	4차 위반
마. 법 제5조를 위반하여 카메라나 기계장치를 설치한 경우	법 제11조제1항 제4호의2	영업정지 3월	영업장 폐쇄명령		
바. 법 제9조에 따른 보고를 하지 않거나 거짓으로 보고한 경우 또는 관계 공무원의 출입, 검사 또는 공중위생영업 장부 또는 서류의 열람을 거부·방해하거나 기피한 경우	법 제11조제1항제6호	영업정지 10일	영업정지 20일	영업정지 1월	영업장 폐쇄명령
사. 법 제10조에 따른 개선명령을 이행하지 않은 경우	법 제11조제1항제7호	경 고	영업정지 10일	영업정지 1월	영업장 폐쇄명령
아.「성매매알선 등 행위의 처벌에 관한 법률」,「풍속영업의 규제에 관한 법률」,「청소년 보호법」,「아동·청소년의 성보호에 관한 법률」 또는「의료법」을 위반하여 관계 행정기관의 장으로부터 그 사실을 통보받은 경우	법 제11조제1항제8호				
1) 업소에서 음란한 문서·도서·영화·음반·비디오물 그 밖에 물건(이하 "음란한 물건"이라 한다)을 반포·판매·대여하거나 이를 하게 하는 행위와 음란한 물건을 관람·열람하게 하는 행위 및 반포·판매·대여·관람·열람의 목적으로 음란한 물건을 진열 또는 보관한 경우		영업정지 2월	영업정지 3월	영업장 폐쇄명령	
2) 숙박자에게 성매매알선 등 행위 또는 음란행위를 하게 하거나 이를 알선 또는 제공한 경우		영업정지 3월	영업장 폐쇄명령		
3) 숙박자에게 도박 그 밖에 사행행위를 하게 한 경우		영업정지 1월	영업정지 2월	영업장 폐쇄명령	

4) 청소년에 대하여 이성혼숙을 하게 하는 등 풍기를 문란하게 하는 영업행위를 하거나 그를 목적으로 장소를 제공한 경우		영업정지 2월	영업정지 3월	영업장 폐쇄명령
5) 무자격안마사로 하여금 안마사의 업무에 관한 행위를 하게 한 경우		영업정지 1월	영업정지 2월	영업장 폐쇄명령
자. 영업정지처분을 받고 도 그 영업정지 기간에 영업을 한 경우	법 제11조제2항	영업장 폐쇄명령		
차. 공중위생영업자가 정당한 사유 없이 6개월 이상 계속 휴업하는 경우	법 제11조제3항제1호	영업장 폐쇄명령		
카. 공중위생영업자가 「부가가치세법」 제8조에 따라 관할 세무서장에게 폐업신고를 하거나 관할 세무서장이 사업자 등록을 말소한 경우	법 제11조제3항제2호	영업장 폐쇄명령		

창업,
모텔로
승부하라

초판 1쇄 발행 2012년 07월 23일
5판 1쇄 발행 2021년 05월 28일

지 은 이   이용석
펴 낸 이   이기성
편집팀장   이윤숙
기획편집   윤가영, 이지희, 서해주
표지디자인 이윤숙
책임마케팅 강보현, 김성욱
펴 낸 곳   도서출판 생각나눔
출판등록   제 2018-000288호
주   소   서울 마포구 잔다리로7안길 22, 태성빌딩 3층
전   화   02-325-5100
팩   스   02-325-5101
홈페이지   www.생각나눔.kr
이 메 일   bookmain@think-book.com

• 책값은 표지 뒷면에 표기되어 있습니다.
  ISBN 979-11-7048-247-5 (13320)